W0347734

Tanja Grow

November 2003

Das

Schwangerschaftskochbuch

Genießen für zwei

Das Schwangerschaftskochbuch

Genießen für zwei

Rezepte, Speisepläne und Ernährungstipps für die Schwangerschaftsmonate
und die Zeit nach der Geburt

Aus dem Englischen von Antje Görnig

Fiona Wilcock
Magister d. Naturwiss., Postgraduate Certificate of Education,
Magister Artium, Ernährungswissenschaftlerin (RPH nutr.)

vgs

Für Andrew, Lydia und Joseph

First published in the UK in 2002 by
Carroll & Brown Publishers
20 Lonsdale Road
Queen's Park
London NW6 6RD

Titel der englischen Originalausgabe: the complete pregnancy cookbook

Die Deutsche Bibliothek – CIP-Einheitsaufnahme
Wilcock, Fiona:
Das Schwangerschaftskochbuch : genießen für zwei ; Rezepte, Speisepläne und
Ernährungstipps für die Schwangerschaftsmonate und die Zeit nach der Geburt /
Fiona Wilcock. Aus dem Engl. von Antje Görnig. – Köln : vgs, 2002
Einheitssacht.: The complete pregnancy cookbook <dt.>
ISBN 3-8025-1479-3

Layout & Design: Carroll & Brown Publishers, 2002
Redaktion: Michael Büsgen
Produktion: Angelika Rekowski
Satz: Punkt für Punkt GmbH · Mediendesign
Druck: Tien Wah Press, Singapore
Printed in Singapore
ISBN 3-8025-1479-3

Besuchen Sie unsere Homepage im Internet: www.vgs.de

Inhalt

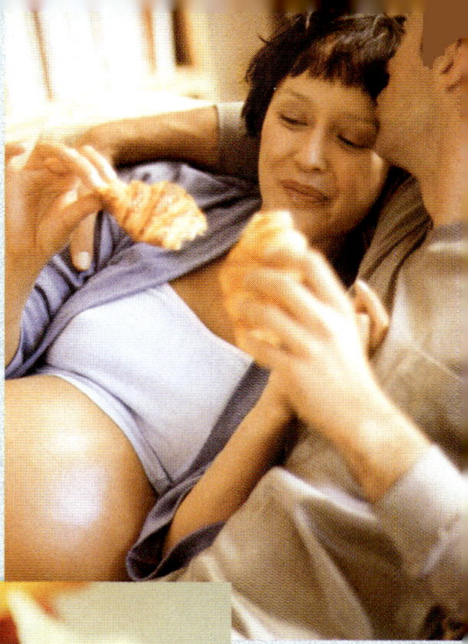

Vorwort

Die Schwangerschaft ist sicherlich einer der aufregendsten Abschnitte Ihres Lebens, denn schließlich wächst in Ihrem Bauch ein kleiner Mensch heran. Zugleich erleben Sie mitunter ein wahres Wechselbad der Gefühle, wenn Sie an die Zukunft denken – einmal sind Sie ängstlich und besorgt, dann wieder voller Euphorie. Viele Frauen empfinden die Schwangerschaft auch als Zeit der Reflexion, in der sie die Vergangenheit Revue passieren lassen und sich auf das neue Leben mit Kind freuen.

Ihr gesundheitliches Befinden mag im Laufe der Schwangerschaft schwanken. Vielleicht begegnen Ihnen Phasen der Abgeschlagenheit oder bisher unbekannte Beschwerden. Sicher wird es aber auch Zeiten geben, in denen Sie sich als besonders attraktiv empfinden und sich so sexy fühlen wie nie zuvor. Mit diesen neuen Erfahrungen für Körper und Seele steht die Ernährung in engem Zusammenhang. Was Sie in der Schwangerschaft zu sich nehmen, versorgt Ihr Baby mit den notwendigen Lebensbausteinen. Eine gesunde Ernährung in diesen neun Monaten ist möglicherweise sogar der größte Beitrag, den Sie je für die Gesundheit Ihres Kindes leisten werden. Aber wenn Sie gesund bleiben wollen, müssen Sie gesund essen, und zwar ab dem Zeitpunkt, zu dem Sie die Schwangerschaft planen, bis nach der Geburt, wenn Sie wieder zu Ihrer alten Figur zurückfinden möchten. Aber die Nahrung liefert Ihnen nicht nur die Energie, die Sie zur Bewältigung des Alltags brauchen, sie ist auch ein Quell der Freude: vom kleinen Genuss zwischendurch bis zum köstlichen Festessen mit Familie und Freunden.

Dies alles wurde bei der Zusammenstellung der Rezepte in diesem Buch berücksichtigt und so entdecken Sie bestimmt auch viele Gerichte, die Ihnen nicht nur während der Schwangerschaft schmecken werden.

Über dieses Buch

Das Schwangerschaftskochbuch versorgt Sie mit Speiseplänen, Rezepten und Informationen zur gesunden Ernährung und hilft Ihnen dabei, sich während der Schwangerschaft optimal zu ernähren und das Essen zu genießen.

In dem Kapitel RUND UM DIE ERNÄHRUNG erfahren Sie, was Sie während der Schwangerschaft essen sollten und was lieber nicht. Hier finden Sie wichtige Informationen über bedenkliche Nahrungsmittel, Lebensmittelhygiene, vernünftiges Zunehmen und darüber, wie Sie auch am Arbeitsplatz, unterwegs oder im Restaurant gesund und ausgewogen essen können.

Das Kapitel MENÜ-PLÄNE bietet eine Anleitung zur gesunden Ernährung für die gesamte Schwangerschaft. Der Monatsplaner beginnt vor der Empfängnis und begleitet Sie bis zu den rasch zubereiteten Mahlzeiten für die Zeit nach der Geburt. Die kursiv gesetzten Vorschläge finden Sie im Rezepte-Teil wieder. Die einzelnen Speisepläne sollen dabei nur als Leitfaden dienen. Schließlich verläuft jede Schwangerschaft anders und auch die Bedürfnisse variieren von Frau zu Frau. Passen Sie die Vorschläge am besten Ihrem ganz persönlichen Lebensstil und Energiebedarf an. Die Pläne verraten Ihnen ferner, welche Nährstoffe in welcher Phase Ihrer Schwangerschaft besonders wichtig sind und wie Sie mit möglichen Unpässlichkeiten besser zurechtkommen.

Der große REZEPTE-Teil enthält über 100 erprobte Rezepte zur Optimierung Ihrer Ernährung, die auf die wechselnden Befindlichkeiten im Laufe der Schwangerschaft Rücksicht nehmen. Viele Gerichte lassen sich einfrieren und sind – falls Sie schon Kinder haben – hervorragend für die ganze Familie geeignet. Darüber hinaus finden Sie zahlreiche Anregungen für schmackhafte Variationen, die zum Experimentieren und Genießen einladen.

Rund um die Ernährung

illy
S.PELLEGR

Eine appetitanregende, ausgewogene Kost ist der Grundstein für das gesunde Wachstum Ihres Babys und eine glückliche und komplikationsfreie Schwangerschaft. Auch ist es außerordentlich wichtig, dass Sie mit Genuss essen. Bevor Sie jedoch im Rezepte-Teil erkunden, worauf Sie vielleicht Lust haben, sollten Sie sich zunächst kurz mit den wesentlichen Bausteinen einer gesunden Ernährung während der Schwangerschaft vertraut machen.

Stärkehaltige Nahrungsmittel

Gesund essen in der Schwangerschaft

Von einer gesunden Ernährung profitieren Sie während der ganzen Schwangerschaft und darüber hinaus. Gesund essen hilft Ihnen, mit den körperlichen und seelischen Veränderungen in der Schwangerschaft, den Anforderungen in der Stillzeit und den ersten Wochen der Mutterschaft zurechtzukommen.

Natürlich profitiert auch Ihr Baby von einer gesunden Ernährung, denn so geben Sie ihm den bestmöglichen Start ins Leben – und noch viel mehr, wie eine Studie der Arbeitsgruppe Umweltepidemiologie des *Medical Research Council Southampton* zeigt: Menschen, die bei der Geburt Normalgewicht und -größe hatten, leiden in der Lebensmitte weniger oft an koronaren Herzerkrankungen und Typ-II-Diabetes. Auch haben sie einen niedrigeren Blutdruck und Cholesterinspiegel als Menschen, die mit Untergewicht zur Welt kamen. Der bessere Schutz vor Herzkrankheiten, Schlaganfall und Diabetes wird heute von der Wissenschaft wenigstens zum Teil auf eine gute Ernährung im Uterus zurückgeführt.

Was Sie essen, isst auch Ihr Baby

Bereits zwei Wochen nach der Empfängnis beginnt sich die Plazenta zu entwickeln. Via Nabelschnur versorgt dieses mit der Gebärmutterschleimhaut verbundene, außergewöhnliche Gewebe Ihr Baby mit allen Bausteinen, die es zum Wachsen benötigt, und reguliert den Nährstoffzufluss. Um den Bedarf Ihres Babys optimal zu decken, nimmt Ihr Körper in der Schwangerschaft mehr Nährstoffe (z.B. Eisen) aus der Nahrung auf als sonst. Damit das Baby versorgt ist, tut er alles, was er kann – und dies wenn nötig auf Kosten Ihres eigenen Nährstoffspeichers.

Ein optimaler Gesundheitszustand vor der Schwangerschaft erhöht Ihre Empfängnischancen und Sie geben Ihrem Baby den bestmöglichen Start ins Leben. Auf einige Aspekte Ihrer Ernährung sollten Sie besonders achten.

Tipps für den Alltag ...

Die richtige Ernährung vor der Schwangerschaft

Pille absetzen Da die Pille bei manchen Frauen die Vitamin-B_6-Reserven angreift, kann es durchaus sinnvoll sein, diese nach dem Absetzen der Pille mit Hilfe von B_6-haltigen Nahrungsmitteln aufzufüllen (siehe S. 15).

Speicher auffüllen Nehmen Sie möglichst viele verschiedene Nahrungsmittel zu sich, damit Ihr Körper die für die Schwangerschaft benötigten Nährstoffe speichern kann (siehe S. 14–17), besonders Eisen.

Einschränken Weil Koffein die Mineralstoffaufnahme beeinträchtigt, halten Sie es von den Mahlzeiten fern. Alkohol kann die Fruchtbarkeit angreifen und ist ohnehin ungesund – beschränken Sie sich auf ein Minimum.

Folsäure Ist Ihr Kinderwunsch konkret geworden, dann nehmen Sie täglich 0,4 mg Folsäure als Nahrungsergänzung zu sich, und setzen Sie die Einnahme bis zur 12. Schwangerschaftswoche fort (siehe S. 15).

Was er tun kann Ihr Partner sollte den Alkoholkonsum einschränken und Kost bevorzugen, die reich an Zink, Selen und Vitamin E ist, den Schlüsselnährstoffen für die männliche Fruchtbarkeit.

Die fünf Nahrungsmittelgruppen Sie und Ihr Baby benötigen Nährstoffe aus allen fünf Gruppen.

Ernährung in der Schwangerschaft – das sollten Sie wissen

Die Grundregeln einer guten Ernährung gelten für Schwangere und Nicht-Schwangere gleichermaßen. Die Nahrungsmittel sind nach ihrem überwiegenden Nährstoffgehalt und Verwendungszweck in Gruppen aufgeteilt. Entscheidend ist, wie viel man von welcher Gruppe essen sollte. Die vier Hauptnährstoffgruppen sind: Stärkehaltige Nahrungsmittel; Obst und Gemüse; Fleisch, Fisch und andere Eiweißlieferanten; Milchprodukte. Zu der fünften, kleineren Gruppe gehören Fett und Zucker, die lediglich in geringen Mengen benötigt werden.

Stärkehaltige Nahrungsmittel

Ein Drittel Ihrer Kost sollte aus Kartoffeln, Brot, Frühstückszerealien und anderen Getreideprodukten bestehen, den Energielieferanten des Körpers. Vollkornprodukte versorgen Sie zudem mit Ballaststoffen – die gegen Verstopfung helfen, einem häufigen Problem in der Schwangerschaft – und Eisen, sowie mehr B-Vitaminen als Produkte aus geschältem Korn.

Obst und Gemüse

Ein weiteres Drittel Ihrer Ernährung sollte aus Obst und Gemüse bestehen (Kartoffeln nicht inbegriffen). Sie enthalten viele Vitamine und Mineralstoffe, die für eine gesunde Schwangerschaft erforderlich sind, sowie zahlreiche sekundäre Pflanzenstoffe (siehe S. 14). Grundsätzlich sollten Sie fünf Portionen Obst und Gemüse am Tag verzehren – ein Glas Fruchtsaft am Morgen, einen Salat zum Mittagessen, einen Apfel am Nachmittag, Rohkost mit Salsa-Dip, wenn Sie nach Hause kommen, und Gemüse als Beilage zum Abendessen.

Obst und Gemüse sind die wichtigsten Vitamin-C-Lieferanten, und da der Körper es nur in kleinen Mengen speichert und der Bedarf in der Schwangerschaft steigt, müssen Sie täglich Obst und Gemüse essen. Sie enthalten auch die in der Schwangerschaft dringend benötigten Folate (siehe S. 15 u. 35), natürlichen Zucker und Stärke, die für lang anhaltende Energie sorgen, Ballaststoffe, sowie viele Vitamine und Mineralstoffe. Um sich mit einem gelungenen Cocktail aus Vitaminen und Mineralstoffen zu versorgen, sollten Sie sich angewöhnen, regelmäßig verschiedenfarbige Obst- und Gemüsesorten zu essen.

Manche Mineralien in Obst und Gemüse sind „gebunden“. Damit der Körper sie richtig aufnehmen kann, muss man mit anderen Nahrungsmitteln nachhelfen. Vitamin C unterstützt den Körper zum Beispiel bei der Aufnahme von Eisen aus pflanzlicher Nahrung. Wenn Sie also ein Glas Orangensaft zu Ihrem Müsli trinken oder einen Salat zu Ihrem Sandwich essen, wird mehr Eisen freigesetzt.

Viele Vitamine in Obst und Gemüse sind wasserlöslich und können bei der Lagerung und Zubereitung verloren gehen. Lesen Sie auf Seite 23 nach, wie Sie Vitaminverluste vermeiden und größtmögliche Nährstoffmengen aus der Nahrung herausholen können.

Milch und Molkereiprodukte

Sie sollten täglich drei Portionen Milchprodukte zu sich nehmen; das entspricht etwa 15 Prozent Ihrer Nahrung. Milchprodukte liefern nicht nur Eiweiß, sondern auch Kalzium - unerlässlich für die Knochen und Zähne Ihres Babys. Milchprodukte sind auch ein wichtiger Lieferant der Vitamine B_2 und B_{12}.

Kaufen Sie am besten fettreduzierte Milch, Joghurts und Käsesorten. Magermilch enthält ungefähr dieselbe Menge Kalzium wie Vollmilch, jedoch weniger Fett und etwas weniger Vitamin A und D. Nicht alle Käsesorten sind für Schwangere geeignet. Lesen Sie auf Seite 20 nach, auf welche Sorten Sie am besten verzichten.

Fleisch, Fisch und andere Eiweißlieferanten

Die Hauptproteinquellen sind mageres Fleisch, Geflügel, Fisch und Eier. In der vegetarischen Küche sind es Nüsse und Hülsenfrüchte (Erbsen, Bohnen und Linsen), sowie Tofu und Mykoprotein (Pilzeiweiß, z.B. der in einigen europäischen Ländern bereits erhältliche Fleischersatz „Quorn"). Eiweiß besteht aus Aminosäuren, die Ihr Baby zum Aufbau von Zellen, Gewebe und Organen braucht.

Eiweißreiche Nahrungsmittel versorgen uns zugleich mit Vitaminen und Mineralien, Fleisch und Geflügel z.B. mit Eisen, Zink, Magnesium und B-Vitaminen. Fisch ist ein wichtiger Jodspender und das Fett bestimmter Sorten wie Hering, Makrele und Lachs liefert zudem Omega-3-Fettsäuren, die wichtig für die Entwicklung der Augen und des Gehirns sind. Dosenfisch mit Gräten, wie Ölsardinen, ist eine gute Quelle für Vitamin D, Kalzium und Eisen. Nicht zu vergessen: Eier. Sie sind eine schnelle und sparsame Möglichkeit, sich mit Eiweiß, Eisen und Vitamin D zu versorgen. Grundsätzlich gilt: hart kochen!

Vegetarierinnen müssen auf eine sehr abwechslungsreiche pflanzliche Kost achten, um genügend Aminosäuren zu bekommen. Dabei helfen Sojabohnen und andere Sojaprodukte, denn ihre Aminosäuren sind vom Nährwert her „vollständiger" als die anderer pflanzlicher Nahrungsmittel.

Nur zwei bis drei Portionen eiweißhaltiger Nahrungsmittel (etwa 12 Prozent Ihrer Ernährung) sind pro Tag erforderlich. Eine normale Ernährung wird in der Regel auch dem erhöhten Eiweißbedarf in der Schwangerschaft gerecht.

Fett und Zucker

Da Nahrungsmittel mit hohem Fett- und Zuckergehalt meist außer Energie nicht sehr viel bringen, genügen davon ein bis zwei Portionen am Tag.

Fett ist aus Ketten unterschiedlicher Fettsäuren zusammengesetzt. Es versorgt Sie und Ihr Baby mit Energie und den Vitaminen A, D, E sowie K und unterstützt die Funktionen des Nervensystems. Nicht mehr als 35 Prozent Ihrer täglichen Nahrung sollte aus Fetten bestehen.

Doch es gibt unterschiedliche Fettsäuren: Einfach ungesättigte Fettsäuren finden sich hauptsächlich in Oliven- und Rapsöl, weshalb diese Öle für die Rezepte in diesem Buch bevorzugt wurden. Gesättigte Fettsäuren kommen überwiegend in tierischen Fetten vor wie z.B. in Fleisch, Butter, Sahne und Schmalz und den aus ihnen hergestellten Produkten. Die mehrfach ungesättigten Fettsäuren teilen sich in zwei Gruppen: die Omega-6- und die Omega-3-Fettsäuren. Da sie unser Körper nicht selbst aufbauen kann, sind wir auf Pflanzen- und Fischfette angewiesen. Sonnenblumen-, Sesam- und Maiskeimöl enthalten Omega-6-Fettsäuren, Fischöle und Leinsamenöl hingegen Omega-3-Fettsäuren.

Raffinierter Zucker steckt in zahllosen Nahrungsmitteln, z.B. in Süßigkeiten, Säften, Desserts und Marmelade. Diese Speisen liefern zwar Energie, aber nur wenig Vitamine und Mineralien und sind daher eher eingeschränkt zu genießen. Wenn Sie Lust auf etwas Süßes haben, essen Sie ein Stück Obst, denn damit versorgen Sie sich zugleich mit Ballaststoffen, Mineralien und Vitaminen.

Flüssigkeitszufuhr *Wasser befördert die Nährstoffe im Blut, beugt Verstopfung und Dehydration vor, spült den Körper und reduziert das Risiko einer Blasen- und Niereninfektion.*

Abwechslung *Essen Sie abwechslungsreich, um sich und Ihr Baby mit einer gesunden Mischung an Nährstoffen zu versorgen.*

Flüssigkeit

Ihr Körper ist bei der Produktion der in der Schwangerschaft zusätzlich benötigten Blutmenge von einer ausreichenden Flüssigkeitsversorgung abhängig. Und Ihr Baby ist wiederum auf die Nährstoffe angewiesen, die ihm durch den Blutkreislauf zugeführt werden.

Trinken Sie mindestens zwei Liter Flüssigkeit am Tag, und zwar hauptsächlich Wasser, daneben aber auch Milch, Frucht- und Gemüsesäfte oder Kräutertees. Kohlensäurehaltige Getränke können zu Verdauungsproblemen beitragen und enthalten nur wenig Nährstoffe – wenn Sie können, verzichten Sie also darauf. Da schwarzer Tee, Kaffee und Cola koffeinhaltig und zudem harntreibend sind, sollten Sie sich auf vier bis fünf Tassen am Tag beschränken – das entspricht etwa 400 mg Koffein (siehe S. 21–23).

Veränderung der Essgewohnheiten

Um die Zufuhr von Energie und Nährstoffen für sich und Ihr Baby nicht einzuschränken, sollten Sie versuchen, regelmäßig zu essen. Falls Sie an morgendlicher Übelkeit leiden, mag Ihnen das in den ersten Monaten schwer fallen. Versuchen Sie es zum Frühstück mit einem Joghurtdrink statt Müsli oder nehmen Sie mehrere kleine Mahlzeiten zu sich statt einer Riesenportion.

Clevere Snacks

Wenn der Blutzuckerspiegel fällt, werden Sie müde und brauchen eine Zwischenmahlzeit. Halten Sie sich dann lieber an Müsli-Riegel, Selbstgebackenes (siehe S. 134–139) oder Rosinenbrötchen, und verzichten Sie – wenn möglich – auf Schokolade. Und statt Chips knabbern Sie lieber Mandeln, Trockenfrüchte oder Brot mit einem selbst gemachten Dip (siehe S. 63–66). Wählen Sie auch die Getränke mit Bedacht: Espresso und Cappuccino enthalten mehr Koffein als eine normale Tasse Kaffee, wohingegen ein Glas kalte Milch zusätzliches Kalzium und Eiweiß für das Baby bringt.

Nahrungsergänzung

Von dem Augenblick an, da sie eine Schwangerschaft planen, sollten Frauen zur Prävention von Neurahlrohrdefekten beim Kind bis zur zwölften Schwangerschaftswoche 0,4 mg Folsäure täglich einnehmen (siehe S. 35). Manche Schwangere entscheiden sich für ein Ergänzungspräparat, das sie mit der richtigen Menge aller Vitamine und Mineralstoffe versorgt. Eine solche Nahrungsergänzung ist sinnvoll für Frauen, die unerwartet schwanger geworden sind und sich zuvor nicht gut ernährt haben; für Frauen mit Mehrlingsschwangerschaften und für schwangere junge Mädchen, die selbst noch wachsen. Mit solchen Ergänzungspräparaten bekommt Ihr Baby, auch wenn Ihnen die morgendliche Übelkeit zusetzt und Sie nicht viel bei sich behalten, die nötigen Vitamine und Mineralstoffe.

Was Retinol (Vitamin A) angeht, sollten Sie genau auf dem Etikett aller Ergänzungspräparate nachsehen, besonders bei Lebertran, denn trotz leicht erhöhtem Bedarf in der Schwangerschaft führt eine Überdosierung zu Schädigungen beim Kind (siehe S. 14). Besprechen Sie mit Ihrer Ärztin, welche Nahrungsergänzungen für Sie persönlich sinnvoll sind!

Probiotische und prebiotische Nahrungsmittel

Um die einzelnen Nährstoffe herauszulösen, wird die Nahrung im Darm von „guten" Bakterien zersetzt. Probiotische Lebensmittel sind joghurtartige Getränke, Joghurts mit lebenden Bakterienkulturen und fermentierte Nahrungsmittel wie Buttermilch und Sojabohnenmark. Die in ihnen enthaltenen Mikroorganismen fördern das Bakteriengleichgewicht der Darmflora.

Prebiotische Stoffe sind unverdaulich, stimulieren aber die Ausbreitung der „guten" Darmbakterien und hemmen die der „schädlichen" Bakterien. Sie kommen in pflanzlicher Kost vor und können Nahrungsmitteln beispielsweise in Form von Oligofructose zugesetzt sein.

Obwohl Vitamine und Mineralien (so genannte Mikronährstoffe) nur in Kleinstmengen benötigt werden, sind sie unerlässlich für Ihre Gesundheit und die Ihres Kindes. Warum die einzelnen Nährstoffe so wichtig sind und worin sie enthalten sind, erfahren Sie im Folgenden.

Essenzielle Vitamine und Mineralstoffe

Sollten Sie sich vor der Schwangerschaft weder ausgewogen noch besonders nährstoffreich ernährt haben, ist eine gesunde Kost während der Schwangerschaft wichtig, um mögliche Defizite auszugleichen. Es besteht jedoch kein Grund zur Sorge: Die meisten Frauen bringen gesunde Babys zur Welt, und Sie füllen Ihre Vitamin- und Mineralstoffspeicher rasch auf, wenn Sie gleich zu Beginn der Schwangerschaft auf gesunde Kost umsteigen.

Unentbehrliche Vitamine

Vitamine sind lebenswichtige organische Verbindungen. Um die Vitaminaufnahme zu optimieren, ist es wichtig, die tägliche Kost möglichst abwechslungsreich aus allen vier Hauptnahrungsmittelgruppen zusammenzustellen.

Vitamin A (Retinol) Kommt nur in tierischen Nahrungsmitteln vor. Pflanzliche Produkte enthalten Karotine, wie Beta-Karotin, die vom Körper in Vitamin A umgewandelt werden. Zusätzliches Vitamin A wird in der Schwangerschaft für das Zellwachstum des Babys benötigt: In den ersten Monaten ist es an der Entwicklung von Herz, Blutkreislauf und Nervensystem beteiligt. In den letzten drei Monaten, wenn das Baby am stärksten an Gewicht zulegt, steigt auch der Bedarf an Vitamin A.

Eine ausgewogene Vitamin-A-Versorgung ist wichtig, denn sowohl ein chronischer Mangel als auch eine Überversorgung (7,5 mg und mehr) können Missbildungen beim Fötus verursachen. Daher ist Leber, die große Mengen Retinol enthält, Schwangeren nicht zu empfehlen (siehe S. 20). Auf Vitamin- oder Lebertranpräparate, die in der Tagesdosis mehr als 3 mg Retinol enthalten, sollten Sie ebenfalls verzichten. Beta-Karotin ist hingegen unbedenklich.

Retinol-Lieferanten: **Eigelb und Milch (-produkte)**

Beta-Karotin-Lieferanten: **Rote, orange und gelbe Früchte sowie Gemüsesorten wie Paprikaschoten, Karotten und Süßkartoffeln; Fruchtsäfte und dunkelgrüne Gemüse wie Spinat, Brokkoli, Brunnenkresse und Grünkohl.**

Vitamin B_1 (Thiamin) Braucht der Körper, um Kohlenhydrate abzubauen und Energie aus der Nahrung zu gewinnen. In den letzten Schwangerschaftsmonaten steigt mit dem Energiebedarf auch der Bedarf an Vitamin B_1.
Lieferanten: **Schweinefleisch, Erbsen, Bohnen, Weizenkeime, Bierhefe und grüne Blattgemüse.**

Stichwort *Sekundäre Pflanzenstoffe*

Das sind weder Vitamine noch Mineralien, sondern biologisch aktive Pflanzeninhaltsstoffe, von denen es hunderte verschiedene gibt, und deren Wirkungsweisen noch längst nicht alle erforscht wurden. Antioxidantien gehören beispielsweise dazu, die einen wertvollen Beitrag zur Gesunderhaltung der Zellen leisten. Ein Grund mehr also, möglichst viele unterschiedliche Früchte, Gemüse und andere pflanzliche Nahrungsmittel zu essen.

EINIGE BEKANNTE SEKUNDÄRE PFLANZENSTOFFE:
Carotinide, Flavonoide, Lektine und Phytoöstrogene

Eier *Erstklassige Versorgung mit Eiweiß, Vitamin A und D sowie Jod.*

Zitrusfrüchte *Alle Zitrusfrüchte sind hervorragende Vitamin-C-Lieferanten.*

Blumenkohl *Wie alle grünen Blattgemüse bietet er eine Vielzahl von Vitaminen und Mineralien.*

Vitamin B_2 (Riboflavin) Wie das Thiamin wird Vitamin B_2 für die Energiegewinnung aus der Nahrung benötigt. Die Aufnahme sollte im Laufe der Schwangerschaft leicht erhöht werden.
Lieferanten: Milch und Molkereiprodukte, Bierhefe, angereicherte Frühstückszerealien, Vollkornbrot, Bohnen und Linsen.

Vitamin B_3 (Niacin) Wie andere B-Vitamine wird es für den Energiestoffwechsel benötigt. Während der Schwangerschaft braucht der Körper nicht mehr Vitamin B_3 als sonst (siehe Tabelle S. 16).
Lieferanten: Fisch, Fleisch, Nüsse und Zerealien.

Vitamin B_6 (Pyridoxin) Die Langzeiteinnahme der Anti-Baby-Pille führt bei manchen Frauen zu einem Mangel an Vitamin B_6. Wenn Sie also planen, schwanger zu werden, sollten Sie Vitamin-B_6-reiche Kost zu sich zu nehmen. Vitamin B_6 ist wichtig für den Aufbau des zentralen Nervensystems des Babys und unterstützt die gesunde Entwicklung des Gehirns.
Lieferanten: Vollkornbrot, Bierhefe, Fisch, Bananen, Kartoffeln, Erbsen und Erdnüsse (siehe S. 22).

Vitamin B_{12} (Cobalamin) Dieses Vitamin wird zum Aufbau der roten Blutkörperchen und zur Produktion des Erbmaterials benötigt. Hauptlieferanten sind tierische Nahrungsmittel, weshalb Vegetarierinnen vielleicht ein Ergänzungspräparat benötigen. Fragen Sie Ihre Ärztin um Rat!
Lieferanten: Fleisch, Geflügel, Fisch und Milchprodukte.

Folsäure und Folate Diese Stoffe gehören zur Gruppe der B-Vitamine. Auf Seite 35 finden Sie mehr Informationen zu diesem Thema.
Lieferanten: angereicherte Frühstückszerealien, Brot, Spargel, Rote Bete, Augenbohnen, Orangen, dunkelgrünes Gemüse wie Brokkoli, Erbsen, Spinat, Rosenkohl.

Vitamin C Vitamin C wird für die Bildung von Bindegewebe benötigt und unterstützt zudem die Eisenaufnahme. Wissenschaftler haben einen Zusammenhang zwischen Vitamin-C-Mangel und der sehr seltenen Präeklampsie (Schwangerschaftshochdruck, siehe S. 41) hergestellt. Achten Sie deshalb auf eine regelmäßige Vitamin-C-Zufuhr.
Lieferanten: Zitrusfrüchte, Erdbeeren, Papaya, Preiselbeeren, schwarze Johannisbeeren, Kiwi.

Wie viel brauche ich?

Die beiden Tabellen (rechts und ganz rechts) zeigen die durchschnittlich empfohlenen Tagesmengen der Nährstoffe für die Schwangerschaft. Die Zahlen gelten für Frauen, die gesund ernährt in die Schwangerschaft gehen und über ausreichende Vitamin- und Mineralstoffspeicher verfügen. Man geht im Allgemeinen davon aus, dass die körperliche Umstellung – erhöhte Aktivität der Hormone und sinkende Nährstoffverluste – den zusätzlichen Bedarf deckt.

Vitamine	normaler Tagesbedarf	Bedarf in der Schwangerschaft
Vitamin A	0,8 mg	1,1 mg
Vitamin B_1	1,0 mg	1,2 mg
Vitamin B_2	1,2 mg	1,5 mg
Vitamin B_3	13 mg	15 mg
Vitamin B_6	1,5 mg	1,9 mg
Vitamin B_{12}	0,003 mg	0,0035 mg
Folsäure	0,4 mg	0,8 mg
Vitamin C	100 mg	110 mg
Vitamin D	0,005 mg	0,005 mg
Vitamin E	12 mg	13 mg
Vitamin K	0,06 mg	0,06 mg

Dreikerne-Brot (siehe S. 139) enthält Vitamin B und E, Folate, Magnesium und jede Menge Energie.

Angereicherte Getreideflocken mit getrockneten Aprikosen Ein gesundes Frühstück versorgt Sie mit Energie und notwendigen Vitaminen und Mineralien. Trockenobst liefert zusätzliche Nährstoffe.

Avocados angesagt! Verwenden Sie Avocados für Sandwichs, Salate und Dips zwecks Energie- und Vitamin-E-Zufuhr.

Vitamin D (Calciferol) Wichtig für den Kalziumstoffwechsel und somit für den Aufbau von Knochen und Zähnen des Fötus. Aus den Vitamin-D-Vorstufen in der Nahrung wird das eigentliche Vitamin bei Sonneneinstrahlung in der Haut gebildet. Lassen Sie also Licht an Ihre Haut! Schon eine halbe Stunde täglich genügt, um den Bedarf zu decken.
Lieferanten: **Fisch, Eigelb, Milch, Butter, angereicherte Margarine, Brotaufstriche und Frühstückszerealien.**

Vitamin E (Tocopherol) Wie Vitamin C ist Vitamin E ein Antioxidans, das vor Zellschäden schützt. Möglicherweise besteht eine Verbindung zwischen Vitamin-E-Mangel und Präeklampsie (siehe S. 41).
Lieferanten: **Avocados, Kerne, Nüsse, Pflanzenöl, Weizenkeime und Vollkornbrot.**

Vitamin K Als notwendiger Stoff für die Blutgerinnung wird Vitamin K neugeborenen Babys gegeben, um Störungen der Blutgerinnung vorzubeugen. Es liegen auch Hinweise auf den Zusammenhang von akutem Vitamin-K-Mangel in der Schwangerschaft und Zahnmissbildungen beim Kind vor.
Lieferanten: **Grüngemüse wie Brokkoli, Grünkohl und Spinat.**

Unentbehrliche Mineralstoffe

Mineralien und Spurenelemente sind lebenswichtig und gemeinsam mit den Vitaminen für den reibungslosen Ablauf unseres Stoffwechsels zuständig.

Kalzium Als wichtiger Mineralstoff ist Kalzium an dem Aufbau von Knochen und Zähnen sowie Nerven und Muskeln beteiligt. Neugeborene haben cirka 30 Gramm Kalzium in ihren Knochen angesammelt. Um für eine ausreichende Zufuhr zu sorgen, nimmt der Körper in der Schwangerschaft mehr Kalzium aus der Nahrung auf.

Die Empfehlungen für den Kalziumbedarf in der Schwangerschaft schwanken zwischen 1000 mg und 1200 mg. Bei Kalziummangel greift der Körper auf die Reserven in den Knochen der Schwangeren zurück, was Osteoporose verursachen kann. Eine reichliche Zufuhr von Milch und Milchprodukten ist daher unerlässlich.

Damit Kalzium aus der Nahrung aufgenommen werden kann, wird Vitamin D benötigt. Ist es nicht ausreichend vorhanden, kann es zu Kalziummangel im Blut kommen. Frauen, die nicht genug kalziumreiche Kost zu sich nehmen, sollten ihre Vitamin-D-Versorgung überprüfen.
Lieferanten: **Tofu, Mandeln, Tahina (türkische Sesampaste), Blattgemüse, Bohnen, Linsen, Erbsen, getrocknete Feigen sowie Milch, Käse, Joghurt und Quark, bestimmte Fischsorten**

Mineral-stoffe	normaler Tagesbedarf	Bedarf in der Schwangerschaft
Kalzium	1000 mg	1000 mg unter 19 J.: 1200 mg
Magnesium	300 mg	310 mg
Eisen	15 mg	30 mg
Jod	0,2 mg	0,23 mg
Zink	7 mg	10 mg
Kupfer	1–1,5 mg	1–1,5 mg
Selen	0,03–0,07 mg	0,03–0,07 mg

mit essbaren Gräten wie Lachs, Breitling, Ölsardinen und mit Kalzium angereicherte Frühstückszerealien.

Kupfer Dieses Mineral wird ebenfalls für den Aufbau starker Knochen benötigt.
Lieferanten: Getrocknete Aprikosen, Fleisch, Nüsse, Reis, Vollkornnudeln und Frühstückszerealien.

Jod Die Schilddrüse benötigt Jod, um einwandfrei arbeiten und den Stoffwechsel regulieren zu können. Jod gelangt durch die Plazenta auch in die Schilddrüse des Babys. Ein Mangel an Jod kann die Entwicklung seines Gehirns beeinträchtigen. Zu viel Jod hingegen ist Gift für den Körper.
Lieferanten: Fisch, Meeresfrüchte, Algen, Eier und Milch.

Eisen Notwendig für den Aufbau der roten Blutkörperchen. Eisenmangel bei Schwangerschaftsbeginn kann den Weg für Eisenmangelanämie bereiten. Für junge Mädchen, Frauen mit starker Periode oder mehreren Schwangerschaften in rascher Folge sowie Frauen, die wenig eisenhaltige Kost zu sich nehmen, kann ein zusätzliches Eisenpräparat durchaus sinnvoll sein (siehe S. 43).

Wie Studien mit Schwangeren gezeigt haben, kann der Körper in der Schwangerschaft die Eisenaufnahme aus der Nahrung um ein Vielfaches steigern. Auch wenn der übliche Verlust durch das Menstrualblut wegfällt, verdoppelt sich der empfohlene Tagesbedarf.
Lieferanten tierischer Herkunft: Rind-, Lamm- und Rehfleisch, Huhn und Truthahn (besonders das dunkle Fleisch), Ölsardinen, Fischpasten und Eier.
Lieferanten pflanzlicher Herkunft: angereicherte Frühstückszerealien, Brot, Kidneybohnen, grüne und weiße Bohnen, Trockenfrüchte, Blumenkohl, Pilze, dunkelgrünes Gemüse wie Brokkoli und Spinat.

Magnesium Wird für viele Vorgänge im Körper benötigt: vom Aufbau der Knochen und des Erbmaterials (DNS) bis hin zur Übertragung von Nervenimpulsen und wichtigen Reaktionen in der Zelle. Der Magnesiumspeicher in den Knochen kann sich bei längerfristiger magnesiumarmer Ernährung leeren.
Lieferanten: Kürbis-, Melonen- oder Sonnenblumenkerne sowie Milch, Brot, Kartoffeln und grünes Blattgemüse.

Selen Ein Antioxidans und notwendig für den Schutz vor Zellschäden. Selen sollte unbedingt vor und während der Schwangerschaft in den Speiseplan eingebaut werden, denn es gibt wissenschaftliche Beweise für den Zusammenhang zwischen Selenmangel und dem Risiko einer Fehlgeburt.
Lieferanten: Paranüsse, Rind-, Lamm- und Rehfleisch, Fisch und Zerealien.

Zink Notwendig für das Immunsystem und den Knochenaufbau Ihres Babys. Frauen, die ein Eisenpräparat nehmen, haben ein erhöhtes Zinkmangel-Risiko, denn Eisen behindert die Zinkaufnahme. Sie sollten verstärkt auf wertvolle Zinkquellen achten.
Lieferanten: Rind-, Lamm- und Rehfleisch, Vollkornprodukte und Meeresfrüchte (gut abkochen!).

Die Angaben bezüglich des zusätzlichen Energiebedarfs während einer Schwangerschaft schwanken zwischen 55.000 und 80.000 Kalorien. Aber greifen Sie nicht sofort zur Schokoladentorte! Sie decken den wachsenden Energiebedarf am besten mit einer gesunden, ausgewogenen Kost, die alle für Sie und das Baby wichtigen Nährstoffe bietet.

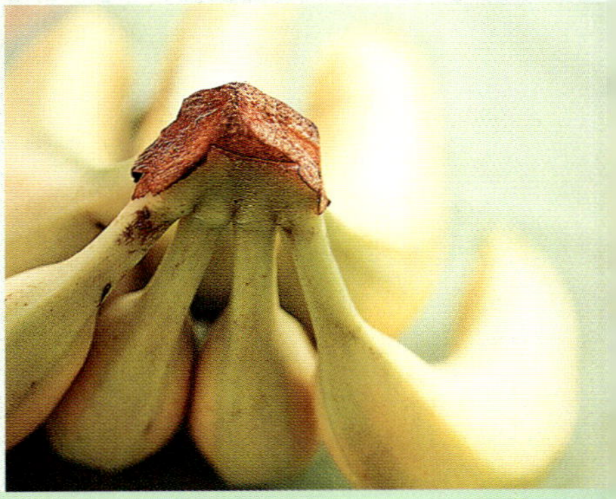

Gesund zunehmen

Die Fragen, wie viel Gewichtszunahme sein muss und welche Nahrungsmittel die zusätzlich benötigte Energie liefern, beschäftigen viele Schwangere. In diesem Kapitel erfahren Sie, wie Sie sich gut ernähren, ohne nach der Geburt monatelang um Ihr Wunschgewicht kämpfen zu müssen.

Wesentliche Informationen – kurz und knapp

Der Gewichtszunahme in der Schwangerschaft wird unterschiedlich viel Beachtung beigemessen. In England werden Frauen beispielsweise bei den Kontrollterminen nur selten gewogen, in Deutschland hingegen wird die Gewichtszunahme im Mutterpass erfasst. Obwohl es von Frau zu Frau unterschiedlich ist, kann man allgemein von einer Gewichtszunahme von mindestens 12,5 kg im Laufe der gesamten Schwangerschaft ausgehen.

Sollten Sie zu Beginn der Schwangerschaft Übergewicht haben, beschränken Sie die Gewichtszunahme in den ersten sechs Monaten auf ein Minimum, denn so laufen Sie weniger Gefahr, Problemen wie Schwangerschaftsdiabetes, erhöhtem Blutdruck und Komplikationen während der Wehen zu begegnen. Unter keinen Umständen sollten Sie allerdings versuchen, in der Schwangerschaft abzunehmen, damit beeinträchtigen Sie möglicherweise das Wachstum Ihres Kindes.

Und wenn Sie zu Beginn der Schwangerschaft untergewichtig sind, müssen Sie ordentlich essen, besonders in den ersten drei Monaten. Frauen, die sehr auf ihr Gewicht achten und es gewöhnt sind, beim Essen Maß zu halten, haben manchmal Schwierigkeiten, sich an ihre neue Figur zu gewöhnen. Sie sind vielleicht versucht, ihre Ernährung weiterhin einzuschränken, oder verlieren die Kontrolle über sich und fangen an, exzessiv zu essen. Beides kann der Gesundheit von Mutter und Kind schaden.

Es ist wissenschaftlich erwiesen, dass ein gesundes Geburtsgewicht Ihrem Kind sowohl kurzfristig als auch langfristig zu Gute kommt. Es senkt z.B. das Risiko einer körperlichen oder geistigen Behinderung und die Anfälligkeit für Kinderkrankheiten.

Viele werdende Mütter machen sich Gedanken, dass sie nach der Geburt ihres Kindes nicht mehr ihre alte Figur zurück erlangen können, denn das zusätzlich vom Körper gespeicherte Fett ist mitunter schwer wieder loszuwerden. Aber stürzen Sie sich nicht gleich nach der Geburt in eine Diät: Eine behutsame, gleichmäßige Reduzierung Ihres Gewichts ist die beste Methode, um bleibende Resultate zu erzielen. Weitere Informationen zu diesem Thema finden Sie auf Seite 53.

Wo die Pfunde herkommen?

Baby	3-3,5 kg
Plazenta	0,7 kg
Fruchtwasser	0,8 kg
Brust + Gebärmuttervergrößerung	1,3 kg
Blut + andere Flüssigkeiten	3 kg
Fetteinlagerung für das Stillen	3,5 kg

Wie Sie Ihren Energiebedarf decken

Obwohl das Heranwachsen Ihres Babys mit hohem Energieaufwand verbunden ist, benötigen die meisten normalgewichtigen Frauen erst ab dem vierten Monat

Schnelle Energiezufuhr Bananen sind reich an natürlichem Zucker, Kalium und B-Vitaminen und geben Ihnen einen schnellen und anhaltenden Energieschub.

Der Körper verändert sich Genießen Sie es, Ihrem Baby beim Wachsen zuzusehen!

Einfach und nahrhaft Mit kohlenhydratreichen Pasta-, Kartoffel- oder Reisgerichten decken Sie spielend Ihren Energiebedarf!

eine gesteigerte Kalorienzufuhr. Der zusätzliche Bedarf ist je nach Konstitution sehr unterschiedlich und liegt im Durchschnitt bei 200 bis 250 Kalorien pro Tag. Fragen Sie Ihre Ärztin um Rat!

In der Stillzeit ist Ihr Energiebedarf noch höher: Im ersten Monat nach der Geburt benötigen Sie etwa 450 Kalorien pro Tag mehr als vor der Schwangerschaft. Im zweiten Monat sind es dann bereits über 500 Kalorien und im dritten Stillmonat steigt der Bedarf auf ein Plus von fast 600 Kalorien.

Die wertvollste Quelle für die zusätzlich benötigten Kalorien sind kohlenhydratreiche Nahrungsmittel wie Brot, Zerealien und andere Getreideprodukte, Nudeln und Kartoffeln. Sie versorgen Ihr Baby mit der erforderlichen Energie. Nahrungsmittel, die nur aus Fett und Zucker bestehen, wie Schokolade und Kekse, sind keine gesunde Wahl, da sie einen geringen Sättigungseffekt haben und nur wenig Vitamine und Mineralien liefern.

Essen für Mehrlinge

Wie wissenschaftlich nachgewiesen wurde, benötigen Frauen, die Zwillinge oder Drillinge austragen, in der gesamten Schwangerschaft eine noch höhere Kalorienzufuhr. Die angemessene Gewichtszunahme in den ersten 20 Wochen kann den Babys zu einem höheren Geburtsgewicht verhelfen.

Das US-amerikanische *Institute of Medicine* empfiehlt für Frauen, die Zwillinge austragen, eine Gewichtszunahme von 16 bis 20 kg. Ungefähr 2,5 kg davon sollten im ersten Schwangerschaftsdrittel zugenommen werden und danach wöchentlich 0,7 kg. Frauen, die Drillinge erwarten, nehmen insgesamt etwa 23 kg zu, das sind 0,7 kg pro Woche über die gesamte Schwangerschaft verteilt.

Aber Frauen mit Mehrlingsschwangerschaften benötigen nicht nur mehr Kalorien. Für die zusätzlich erforderliche Blutmenge, die Vergrößerung der Gebärmutter und das gesunde Wachstum von zwei oder mehr Babys werden auch mehr essenzielle Fettsäuren, Kalzium und Eisen benötigt. Hier ist ein Allround-Schwangerschaftspräparat ratsam (siehe S. 13). Achten Sie bei Ihrem Speiseplan auf eine gesunde Mischung nährstoffreicher Mahlzeiten und streichen Sie konsequent Nahrungsmittel mit geringem Nährwert!

Heutzutage kann man keine Zeitung mehr aufschlagen, ohne von einem neuen Lebensmittelskandal zu lesen. Mit ein wenig gesundem Menschenverstand und etwas Hintergrundwissen können Sie allerdings bedenklichen Nahrungsmitteln problemlos aus dem Weg gehen, ohne auf Notwendiges – und Schmackhaftes – verzichten zu müssen.

Risikofrei genießen

Über gesundheitliche Risiken, die von bestimmten Lebensmitteln ausgehen, sollten Sie gut informiert sein, da Sie und Ihr Baby in der Schwangerschaft besonders anfällig für Krankheiten sind. Aber wenn Sie auf Lebensmittelhygiene achten und nur einige wenige Nahrungsmittel aus Ihrem Speiseplan streichen, gehen Sie mit Leichtigkeit allen Gefahren aus dem Weg.

Salmonellen Eine Salmonelleninfektion während der Schwangerschaft hat zwar keine Auswirkungen auf Ihr Baby, ist aber höchst unangenehm für Sie selbst. Das größte Risiko bergen rohe oder nicht durcherhitzte Eier. Kochen Sie Eier immer, bis das Eigelb fest ist! Wenn Sie auswärts essen, fragen Sie ruhig, ob Eis, Dessert oder Mayonnaise rohes Eigelb enthalten. Die im Handel erhältliche Mayonnaise ist in der Regel pasteurisiert und daher unbedenklich.

GESUNDHEITLICH BEDENKLICH: Leber

Obwohl Vitamin A zu den essenziellen Nährstoffen gehört (siehe S. 14), ist Schwangeren vom Verzehr von Leber abzuraten, da sie große Mengen dieses Vitamins enthält. Dies kann zu körperlichen Missbildungen beim Kind führen. Da alle Innereien Schadstoffe und Rückstände aus Futtermitteln speichern, verzichten Schwangere am besten ganz auf deren Genuss und den aus ihnen hergestellten Produkten.

Listeriose Sie wird von dem in Lebensmitteln auftretenden Organismus *Listeria monocytegenes* verursacht und hat statt Durchfall und Erbrechen, wie sie normalerweise mit Lebensmittelvergiftung assoziiert werden, grippeähnliche Symptome zur Folge. Beim Neugeborenen kann Listeriose Infektionen wie Meningitis verursachen und sogar zu Fehl- oder Totgeburten führen. Obwohl das Erkrankungsrisiko nur äußerst gering ist, sollten Sie sich schützen und auf folgende Nahrungsmittel verzichten:

- Reifkäse mit Weißschimmel wie Brie und Camembert oder Blauschimmel wie Stilton und Danish Blue, selbst wenn sie pasteurisiert sind.
- Manche nicht wärmebehandelte Pasteten und Pasten aus Gemüse, Fisch oder Fleisch enthalten Listeria. Wählen Sie ultrahocherhitzte oder Dosen-Produkte oder bereiten Sie selbst welche zu (siehe S. 63).
- Vorsicht bei gekühlten Fertiggerichten. Sie sind unbedenklich, wenn sie richtig gelagert und gut durcherhitzt werden.

Toxoplasmose Diese sehr seltene Infektionskrankheit, deren Erreger in rohem Fleisch und Tierkot sitzen, kann zu Gehirnschäden und Erblindung beim Kind führen. Kochen und braten Sie immer alles gut durch und essen Sie keine rohen Fleischwaren wie Tartar oder Parmaschinken. Waschen Sie sich die Hände, wenn Sie rohes Fleisch angefasst haben.

Da die Erreger auch in Erde und Tierkot lauern können, müssen alle Lebensmittel sorgfältig gewaschen und von Schmutz befreit werden. Tragen Sie Handschuhe bei der Gartenarbeit und im Umgang mit Tieren (Reinigung von Katzenklo oder Vogelkäfig) und waschen Sie sich anschließend sorgfältig die Hände.

Sorgfältige Vorbereitung Waschen Sie Obst und Gemüse vor dem Verzehr immer gründlich, um es von Schmutz, Pestiziden und Düngemitteln zu reinigen.

Genießen Sie die Jahreszeiten Gesund und abwechslungsreich: Bevorzugen Sie Früchte der Saison. Aber auch Obst in Konserven, getrocknet oder tiefgekühlt, enthält viele Vitamine und Mineralien.

Aufklärung in Sachen Natrium

In der Vergangenheit riet man Schwangeren, natriumarm zu essen, da eine hohe Salzaufnahme mit Präeklampsie in Zusammenhang gebracht wurde. Mittlerweile hat sich die Einstellung zu Natrium geändert, denn es ist wichtig für den Flüssigkeitshaushalt des Körpers. Gegenwärtig gilt, dass gesunde Schwangere, die sich ausgewogen ernähren, nicht auf natriumarme Kost umsteigen müssen, sofern sie nicht zu viele kochsalzreiche und industriell vorgefertigte Kost zu sich nehmen.

Sind Fisch und Meeresfrüchte unbedenklich?

Fisch und Meeresfrüchte sind höchst nahrhaft und sollten daher in den Speiseplan einbezogen werden. Fischöl ist der Hauptlieferant für die essenziellen Omega-3-Fettsäuren, die Ihr Baby für die Entwicklung von Gehirn und Augen benötigt. Anlass zu Sorge gibt allein, dass Fisch mit Schadstoffen wie Quecksilber, polychlorierten Biphenylen (PCB) oder Dioxin belastet sein kann. Daher rät man Schwangeren in den USA, auf bestimmte Fischsorten zu verzichten. In Deutschland wird der Verzehr von ein bis zwei Portionen Seefisch pro Woche empfohlen.

Damit Fisch und Meeresfrüchte einen positiven Beitrag zur Ernährung leisten, achten Sie einfach darauf, welche Arten Sie essen. Nehmen Sie immer wieder andere Fischarten und bevorzugen Sie Tiefseefisch. Grundsätzlich sind kleine Fische weniger belastet als größere Fische derselben Art. Große Exemplare, die sich von kleineren Fischen, Krebsen und Muscheln ernähren, enthalten mehr Schadstoffe und sollten nicht öfter als einmal im Monat verzehrt werden. Auf rohen Fisch verzichten Sie am besten ganz.

Alkoholgenuss

Der regelmäßige Konsum von zwei oder mehr Gläsern Alkohol am Tag kann Unfruchtbarkeit, Fehlgeburt oder ein niedriges Geburtsgewicht zur Folge haben. Alkohol behindert auch die Nährstoffzufuhr zum Baby, denn er hemmt Ihren Appetit und beeinträchtigt die Arbeit der Plazenta. Starker Alkoholkonsum kann zu geistiger Zurückgebliebenheit und körperlichen Missbildungen beim Kind führen.

Wegen der vielen möglichen Schädigungen raten manche Gesundheitsexperten zu einem vollständigen Verzicht auf Alkohol in der Schwangerschaft. Ein, zwei Einheiten pro Woche scheinen jedoch unbedenklich, wobei eine Einheit einem kleinen Glas Wein (125 ml), einem 0,3l-Glas Bier oder 25 ml Spirituosen, Sherry oder Portwein entspricht. Die Weingläser zu Hause sind meist größer als die in Bars und Restaurants, also achten Sie darauf, nicht mehr zu trinken als beabsichtigt.

Wenn Sie in der Stillzeit Alkohol trinken, geben Sie ihn zwangsläufig mit der Muttermilch an Ihr Baby weiter. Am besten stoßen Sie also erst nach dem abendlichen Stillen an und beschränken sich auf maximal ein Glas.

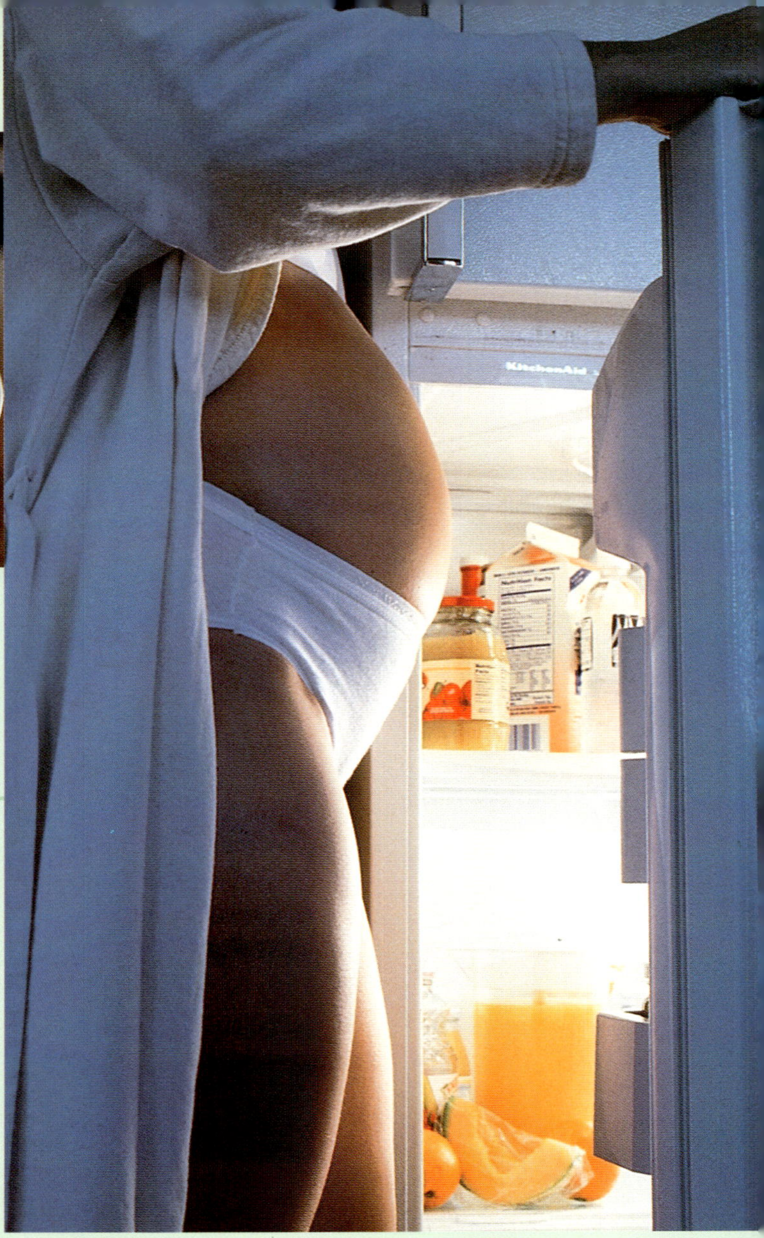

Gesund trinken Kräuter- und Früchtetees sind eine erfrischende, koffeinfreie Alternative.

Vorräte richtig lagen Verbrauchen Sie Nahrungsmittel vor dem Verfallsdatum und halten Sie die Temperatur im Kühlschrank unter 5 °C.

Koffein

Da starker Koffeinkonsum auch mit Unfruchtbarkeit und Fehlgeburten in Zusammenhang gebracht wird, ist es ratsam, täglich nicht mehr als 400 mg Koffein zu sich zu nehmen. Eine Tasse löslicher Kaffee enthält ungefähr 75 mg Koffein, Filterkaffee 85 mg, entkoffeinierter Kaffee 3 mg, Tee 40 mg, Cola 24 mg und heiße Schokolade 5 mg.

Die Mineralienaufnahme aus der Nahrung kann von Koffein und Gerbsäure beeinträchtigt werden. Trinken Sie daher Tee und Kaffee nicht zu den Mahlzeiten.

Entkoffeinierte Getränke sind unbedenklich, aber probieren Sie stattdessen doch einmal Früchte- oder Kräutertees! Sie sind erfrischend und manche obendrein recht nützlich: Kamille beruhigt und Pfefferminze fördert die Verdauung. Tee aus Himbeerblättern erleichtert, im letzten Drittel der Schwangerschaft getrunken, die Wehen und stärkt den Uterus. Trinken Sie ihn jedoch nicht vorher, da er mit Fehlgeburten in Verbindung gebracht wurde.

Sind Nüsse, Kerne und Körner unbedenklich?

Wenn Sie, Ihr Partner oder Ihre Kinder an einer allergischen Erkrankung wie Asthma, Neurodermitis, Lebensmittelallergie oder Heuschnupfen leiden, ist es ratsam, in Schwangerschaft und Stillzeit auf Erdnüsse und Erdnussprodukte zu verzichten. Ebenso auf Sesamkörner, da in manchen Ländern steigende allergische Reaktionen beobachtet werden. Bis zum Alter von drei Jahren sollte Ihr Kind keine Erdnüsse und Sesamkörner essen. Andere Nüsse und Kerne sind für den Verzehr in der Schwangerschaft geeignet und Sie sollten wegen der in ihnen enthaltenen essenziellen Vitamine, Mineralien und Fette nicht auf sie verzichten.

Richtig einkaufen

Wählen Sie nur einwandfreie Produkte (keine angeschlagenen oder welken pflanzlichen Nahrungsmittel) und vorzugsweise Obst und Gemüse der Saison. Bei frischem Fleisch, Geflügel und Fisch nehmen Sie saftige, weiche Stücke und prüfen Sie, ob sie frisch riechen. Kaufen Sie nichts, was zu fett oder zu trocken aussieht, und achten Sie stets auf das Verfallsdatum.

Bringen Sie frische Nahrungsmittel auf schnellstem Wege in den Kühlschrank, um ihren Nährwert zu erhalten.

Welche Vorteile haben Bio-Produkte?

Der Einsatz von Pestiziden in der Landwirtschaft wird streng kontrolliert und ist in den letzten zehn Jahren um mehr als 30 Prozent zurückgegangen, doch nach wie vor werden in der konventionellen Landwirtschaft synthetische Dünge- und Pflanzenschutzmittel verwendet. Die Alternative bieten Produkte aus dem Bio-Anbau. Dabei sind die Begriffe „Öko" und „Bio" geschützt und die Produktionsbedingungen des ökologischen Landbaus werden streng kontrolliert. Wo „Öko" draufsteht ist also auch „Öko" drin.

Der Vertrieb von Bio-Produkten ist in den letzten Jahren sehr ausgebaut worden und ist mittlerweile fast flächendeckend organisiert. Neben Naturkostläden bieten auch immer mehr große Handelsketten Öko-Produkte an. Leider sind Bio-Produkte immer noch bis zu 30 Prozent teurer als Produkte der herkömmlichen Landwirtschaft, doch schmecken sie meist nicht nur intensiver, sie sind gewiss auch die langfristig gesündere Alternative.

Die richtige Zubereitung

Wasserlösliche Vitamine – Vitamin C und die Vitamine der B-Gruppe – gehen bei der Lagerung, Zubereitung und beim Kochen größtenteils verloren. Um die Verluste gering zu halten, sollten Sie daher die folgenden Tipps beachten:

- Obst und Gemüse immer an einem kühlen Ort lagern und so rasch wie möglich verbrauchen. Wenn Sie nicht oft einkaufen gehen ist tiefgekühltes Gemüse eine prima Alternative.
- Schneiden Sie Obst und Gemüse in große Stücke, um den Vitaminverlust an den Schnittflächen zu minimieren.
- Wenn Sie geschnittenes Obst nicht gleich essen, träufeln Sie etwas Zitronensaft darüber, damit wenig Vitamin C verloren geht.
- Putzen und schnippeln Sie Obst und Gemüse erst kurz vor der Zubereitung. Da der Vitamingehalt von aufgewärmtem Gemüse nur äußerst gering ist, bereiten Sie nur so viel zu, wie Sie für eine Mahlzeit benötigen.
- Dicht unter der Schale verbergen sich oft viele Nährstoffe. Waschen Sie Obst und Gemüse immer sorgfältig und essen Sie möglichst die Schale mit. Karotten hingegen schält man am besten, denn die äußeren Schichten können Pestizid-Rückstände enthalten.
- Wenn Sie Gemüse dünsten oder in der Mikrowelle zubereiten, ist es am schnellsten gar und es gehen nur wenig Vitamine verloren.
- Da sich Vitamine im kochenden Wasser lösen, bedecken Sie das Gemüse im Topf nur knapp mit Wasser.

Lebensmittelhygiene

Es gibt keinen Grund, sich in der Schwangerschaft übertriebene Sorgen über die Lebensmittelhygiene zu machen. Wenn sie achtsam einkaufen, die Produkte bei der richtigen Temperatur lagern und sie gut erhitzen, besteht kein Risiko für Sie oder Ihr Baby.

- Lagern Sie Ihre Einkäufe stets im Kühlschrank und lassen Sie sie nicht im Auto oder Büro stehen.
- Die Kühlschranktemperatur sollte höchstens 5 °C betragen. Lagern Sie die verderblichsten Produkte (Fleisch und Fisch, Weichkäse, gewaschene Salatblätter, Desserts und Fertiggerichte) an der kältesten Stelle und überprüfen Sie mit einem Kühlschrankthermometer die Temperatur. Das Gemüsefach ist der wärmste Ort im Kühlschrank. Hier werden nur ungewaschene ganze Salatköpfe, ganze Tomaten etc. gelagert.
- Achten Sie darauf, dass rohes Fleisch und Fisch nicht auf andere Nahrungsmittel im Kühlschrank tropfen.
- Eier gehören in den Kühlschrank.
- Lassen Sie Gekochtes abkühlen, bevor sie es in den Kühlschrank stellen, und legen Sie Gefrorenes zum Auftauen in den Kühlschrank.
- Kochen und braten Sie Fleisch und Geflügel, bis der austretende Bratensaft klar ist oder der Braten innen 70 °C erreicht hat. Um das zu überprüfen, brauchen Sie ein Fleischthermometer.
- Waschen Sie sich die Hände mit Wasser und Seife, bevor Sie Lebensmittel anfassen, und benutzen Sie nicht das Geschirrtuch zum Abtrocknen der Hände.
- Nehmen Sie ein Schneidebrett für rohes Fleisch und Fisch und ein anderes für gekochte Lebensmittel.
- Reinigen und desinfizieren Sie Tischdecken und Arbeitsflächen regelmäßig.

Wenn Sie ein wenig vorausplanen, können Sie die Gerichte ohne großen Aufwand auch an die verschiedensten Geschmäcker und Bedürfnisse anpassen.

Tipps für den Alltag ...

Essen für die ganze Familie

Probieren Sie etwas Neues! Im Alter von einem Jahr sollten Kinder bereits kleine Portionen von alldem bekommen, was auch Sie essen.

Vorsicht beim Salzen Babys und Kleinkinder sollten salzlos essen. Wenn Sie Ihr Essen mit ihnen teilen, salzen Sie die eigene Portion später nach.

Mehr Geschmack Kinderessen muss nicht fade schmecken. Verwenden Sie Kräuter, Zitrone, Knoblauch und Gewürze. Hier gilt jedoch: Kein Chili für Kleinkinder und keine Gewürze in die Babynahrung!

Hoher Energiebedarf Kleinkinder brauchen fettreichere Kost als Erwachsene, um ihren Energiebedarf zu decken. Geben Sie ihnen daher weder Magermilch, noch kalorienreduzierte Produkte.

Ungewöhnliche Gelüste und Abneigungen gehören zu jeder Schwangerschaft. Wenn Sie bestimmte Nahrungsmittel auslassen oder wegen einer Allergie oder Unverträglichkeit nicht essen können, finden Sie hier praktische Tipps, wie Sie sich trotzdem ausgewogen ernähren können.

Praktische Hilfe bei Beschwerden

Viele Frauen fühlen sich während der gesamten Schwangerschaft pudelwohl, andere wiederum haben gesundheitliche Probleme, die sich auch auf die Schwangerschaft auswirken können. Die Ernährungspläne ab Seite 32 bieten Tipps und Tricks gegen Übelkeit oder Magenverstimmung, die Ihnen möglicherweise in der Schwangerschaft begegnen. Zunächst jedoch ein Überblick.

Lust auf bestimmte Nahrungsmittel

Ursache für die wechselnden Essensgelüste in der Schwangerschaft ist die hormonelle Umstellung. Die plötzliche Abneigung gegen bestimmte Nahrungsmittel ist oft eines der ersten Anzeichen für eine Schwangerschaft. Meist verzichten schwangere Frauen auf Dinge, die in großen Mengen ungesund sind, wie Kaffee, Tee oder Alkohol. Wenn Ihre Abneigung sich jedoch gegen einen wertvollen Nährstofflieferant richtet, müssen Sie ihn durch einen gleichwertigen anderen ersetzen (siehe S. 11–12).

Früher dachte man, die Lust auf ein bestimmtes Nahrungsmittel sei ein Zeichen dafür, dass der Körper es braucht. Das mag vielleicht für das Verlangen nach Brokkoli, Milch oder Grapefruit gelten, wie es häufig vorkommt. Manche Frauen jedoch haben ungewöhnliche Gelüste, z.B. auf Nicht-Nahrungsmitteln wie Kohle oder Erde. Hier gibt es keinen Hinweis auf den Bedarf an bestimmten Nährstoffen. Es liegt auch kein besonderer Nährstoffbedarf vor, wenn man Lust auf Nahrungsmittel mit niedrigem Nährwert wie Schokolade, Kuchen und Kekse hat. Wenn es Sie danach verlangt und Sie ansonsten gesund essen, gestatten Sie sich ruhig kleine Mengen. Essen Sie sich nur nicht an nährstoffarmen Produkten satt.

Essstörungen

Es ist dringend nötig, medizinischen Rat einzuholen, wenn Sie an Magersucht oder Bulimie leiden, denn Essstörungen bringen nicht nur Empfängnisprobleme mit sich. Essanfälle und Erbrechen greifen den Blutzuckerspiegel an und beeinträchtigen die regelmäßige Versorgung des Babys mit Energie und Nährstoffen. Ein gestörtes Essverhalten vor und während der Schwangerschaft kann unter Umständen zu Wochenbettdepressionen führen.

Auch wenn Sie bereits schwanger sind, ist es nicht zu spät, etwas zu ändern. Lassen Sie sich bei Essstörungen

BEWEGUNG TUT GUT!

Außer der Ernährung ist auch eine angemessene sportliche Betätigung wichtig. Walking und Schwimmen sind in der ganzen Schwangerschaft ideal. Mit regelmäßiger Bewegung fühlen Sie sich fitter und stärker. Wenn Sie Lust auf mehr haben und z.B. einen Gymnastikkurs besuchen, weisen Sie die Trainerin auf Ihre Schwangerschaft hin und nehmen sich etwas zum Trinken und einen Snack für danach mit.

Einfach ausprobieren Wenn Sie kein Gemüse mögen oder eine Nahrungsmittelgruppe wegen einer Allergie oder Unverträglichkeit weglassen müssen, entgehen Ihnen lebenswichtige Nährstoffe. Suchen Sie sich neue Quellen, die Sie vielleicht zuvor noch nie probiert haben. Gemüsesäfte sind beispielsweise hervorragende Nährstofflieferanten.

Bewegung ist gesund Leichte Gymnastik wird für die ganze Schwangerschaft empfohlen. Achten Sie darauf, sich nicht zu überanstrengen und trinken Sie während und nach dem Sport viel Wasser, um den Flüssigkeitsverlust auszugleichen.

unbedingt gesundheitlich beraten. Ihre Ärztin oder eine Beratungsstelle helfen Ihnen dabei, mit Ihrem sich verändernden Körper zurechtzukommen und sich einen gesunden Speiseplan zusammenzustellen.

Allergien und Unverträglichkeiten

Sollten Sie an einer Nahrungsmittelallergie leiden, sind Sie es bereits gewöhnt, auf bestimmte Speisen zu verzichten und die allergieauslösende Kost durch eine andere mit ähnlichen Nährstoffen zu ersetzen.

Wenn Sie an Zöliakie (Sprue) leiden und keine Weizen-, Roggen- und Gersteprodukte essen können, müssen Sie Ihre glutenfreie Diät während der Schwangerschaft beibehalten, damit Ihr Körper das Maximum an Vitaminen und Mineralien aus der Nahrung herausholen kann. Falls Sie bisher nicht sehr streng auf eine glutenfreie Ernährung geachtet haben, ist vielleicht ein Schwangerschaftspräparat sinnvoll, mindestens aber die Einnahme von Folsäure, Vitamin D und Eisen. Achten Sie auf eine kalziumreiche Kost. Bei einer Kuhmilchunverträglichkeit fallen kalziumreiche Milchprodukte aus. Daher sollten Sie auf andere mit Kalzium angereicherte Nahrungsmittel wie Sojamilch und bestimmte Fruchtsäfte zurückgreifen und darüber hinaus viel Ölsardinen, dunkelgrünes Gemüse, Mandeln, Tofu, Bohnen, Linsen, Erbsen und Feigen essen. Da Milch und Molkereiprodukte auch Vitamin A, D, B und B_1 enthalten, sowie Magnesium, Jod und Zink, müssen Sie sie durch einige Alternativquellen ersetzen. Lesen Sie hierzu auch die Seiten 14 bis 17.

Wenn Sie an einer Allergie leiden, beachten Sie den Hinweis zu Erdnüssen und Sesamkörnern auf Seite 22! Es ist jedoch kein Gewinn für Ihr Baby, wenn Sie in der Schwangerschaft auch andere Nahrungsmittel meiden, die Allergien auslösen könnten, denn schließlich kann es sich um Lieferanten lebenswichtiger Nährstoffe handeln. In der Stillzeit können insbesonders allergiekranke Mütter das Risiko einer Nahrungsmittelallergie beim Kind senken, indem sie auf Allergieauslöser verzichten – allerdings nur unter Aufsicht einer Diätistin.

Diabetes

Als Diabetikerin benötigen Sie während der Schwangerschaft eine besondere Betreuung. Es ist wichtig, dass Sie medizinischen Rat einholen, bevor Sie schwanger werden. Auch für die Betreuung vor der Geburt und bei der Niederkunft gibt es spezialisierte Hebammen und Krankenschwestern. Wie bei Ihrer normalen Ernährung müssen Sie ein strenges Auge auf Ihren Blutzuckerspiegel haben.

Verzicht auf bestimmte Nahrungsmittel

Wenn Sie Gemüse oder eine andere Lebensmittelgruppe nicht mögen, müssen Sie dies mit anderen Nahrungsmitteln kompensieren, die reich an den entsprechenden Nährstoffen sind. Achten Sie genau darauf, was Sie essen, und lesen Sie im Kapitel *Essenzielle Vitamine und Mineralstoffe* auf den Seiten 14–17 nach oder holen Sie ernährungswissenschaftlichen Rat ein.

Wenn Sie wissen, welche Nährstoffe Sie brauchen, um sich mit den entsprechenden Nahrungsmitteln und Zusatzpräparaten zu versorgen, besteht kein Grund, eine vegetarische oder vegane Ernährungsweise in der Schwangerschaft auszusetzen.

Vegetarische Ernährung

Damit Sie ausreichend Kalorien und Nährstoffe tanken, um ein normalgewichtiges Baby zur Welt zu bringen, brauchen Sie einen soliden Ernährungsplan. Sie müssen möglichst abwechslungsreich essen und gegebenenfalls auch Ergänzungspräparate einnehmen. Dies ist umso wichtiger, wenn sie untergewichtig oder Veganerin sind. Ganz besonders ist auf eine ausreichende Versorgung mit Eiweiß, Eisen, Kalzium, Vitamin D und B_{12} sowie Zink zu achten. Zu allen Rezepten in diesem Buch finden Sie Nährstoffangaben, damit Sie nach Ihren persönlichen Bedürfnissen auswählen können.

Eiweiß

Auch wenn Sie Eier und Milchprodukte wie Käse essen, sollten Sie zusätzlich auf andere Eiweißquellen zurückgreifen. Nehmen Sie auch unterschiedliche Gemüsesorten (Bohnen, Erbsen und Linsen) sowie Getreideprodukte zu sich. Pflanzliches Eiweiß (außer Soja) enthält weniger essenzielle Aminosäuren als tierisches Eiweiß. Mit einer abwechslungsreichen pflanzlichen Kost bekommen Sie jedoch alles, was Sie brauchen, und werden auch mit B-Vitaminen, Eisen und Ballaststoffen versorgt.

Essen Sie auch Nüsse, Sonnenblumen- und Kürbiskerne, Sojabohnen und daraus hergestellte Produkte wie Tofu.

Stichwort *Eisen*

Während der Schwangerschaft wächst das Blutvolumen um etwa 1,7 l. Da Eisen ein wichtiger Bestandteil der roten Blutkörperchen ist, wird vielen Schwangeren – Vegetarierinnen oder nicht – ein Eisenpräparat verschrieben. Dennoch sollten Sie täglich auch etwas von den unten angegebenen eisenreichen Nahrungsmitteln zu sich nehmen. Damit der Körper mehr Eisen aufnehmen kann, achten Sie auf eine Vitamin-C-reiche Kost und trinken Sie keinen Tee oder Kaffee zu den Mahlzeiten.

Linsen, Bohnen, angereicherte Frühstückszerealien, dunkelgrüne Blattgemüse, Vollkornbrot, Tofu und Trockenfrüchte.

Kalzium und Vitamin D

Der Körper stellt sich auf die Schwangerschaft ein, indem er mehr Kalzium aus der Nahrung aufnimmt. Sie sollten sich angewöhnen, täglich ein großes Glas Milch (0,3 l) zu trinken und darüber hinaus viel Joghurt, Quark und Käse zu essen.

Zur Kalziumaufnahme wird vom Körper Vitamin D benötigt. Für Veganerinnen kann die Vitamin-D-Zufuhr ein Problem darstellen, denn Dosenfisch, Butter und Margarine sind die Hauptlieferanten.

Ein weiterer wichtiger Faktor ist das Sonnenlicht, unter dessen Einfluss Vitamin D in der Haut gebildet wird. Wenn Sie nur wenig in die Sonne gehen, ist unter Umständen eine tägliche Nahrungsergänzung von 0,01 mg ratsam.

Rote-Paprika-Paste (siehe S. 65) Nur eins von vielen Rezepten in diesem Buch, die Vegetarierinnen schmecken werden.

Gesund leben Als Vegetarierin müssen Sie Ihre Mahlzeiten genau planen und für eine ausgewogene Kost sorgen.

Wichtige Nahrungsmittel Brot, Sojabohnen und Tofu sind nützliche und vielseitige Bestandteile der vegetarischen Küche.

Vitamin B_{12} (Cobalamin)

Da dieses Vitamin hauptsächlich in tierischen Nahrungsmitteln steckt und wichtig für den Aufbau der Blutkörperchen ist, müssen Veganerinnen auf eine ausreichende Versorgung acht geben. Es gibt zwar auch etwas Vitamin B_{12} in angereicherten Nahrungsmitteln, aber ein Ergänzungspräparat ist auf jeden Fall ratsam. Sie sollten Vitamin B_{12} in Kombination mit Folsäure nehmen, denn beide arbeiten zusammen.

Zink

Dieses Mineral wird für die Zellteilungsprozesse benötigt, aus denen das Baby entsteht, und ist entscheidend für den Aufbau des Immunsystems und der Knochen. Damit Sie ausreichend mit Zink versorgt sind – besonders bei Verwendung eines Eisenpräparats, das die Zinkaufnahme beeinträchtigen kann – sollten Sie viele Getreideprodukte, Kerne, Naturreis und Nudeln essen.

Nahrhafte Snacks

Um Ihre Vitamin- und Mineralienzufuhr zu steigern und zu variieren, sollten Sie täglich zu einem der folgenden Snacks greifen:

Nüsse sind ein hervorragender Energielieferant. Cashewkerne sind reich an Eisen und Mandeln reich an Kalzium.

Kürbis- und Sonnenblumenkerne versorgen Sie mit Eiweiß und Zink.

Frisches Obst enthält Vitamin C, welches die Eisenaufnahme aus der Nahrung unterstützt, sowie sekundäre Pflanzenstoffe.

Trockenfrüchte wie Feigen oder Aprikosen liefern wertvolle Mengen Eisen, Ballaststoffe und Kalzium.

Knabbern Sie einen belegten Vollkorntoast, wenn Sie Energie, Eisen und B-Vitamine brauchen.

Angereicherte Frühstückszerealien sind eine hervorragende Quelle für Vitamine.

Joghurt und Käse sind schmackhafte Kalziumspender.

Bei einem Vollzeitjob ist es mitunter schwierig, konsequent auf eine gesunde Ernährung zu achten. Aber mit einer guten Planung, selbst gemachten Snacks und einfach zubereiteten Mahlzeiten erleichtern Sie sich das Leben erheblich.

Pausenbrot & Co.

Wie stressig Ihr Job auch ist, in der Schwangerschaft sollten Sie sich die Zeit nehmen, gut zu essen. Wenn Sie mit morgendlicher Übelkeit oder Appetitlosigkeit zu kämpfen haben, kann es für Sie schwierig sein, genug Energie zu mobilisieren. Falls Sie Mahlzeiten auslassen, versorgen Sie sich wenigstens mit gesunden Snacks. Halten Sie immer eine kleine Auswahl in Ihrer Schublade bereit, um sich mit den wichtigsten Nährstoffen zu versorgen (siehe Kasten *Schreibtisch-Snacks*).

Unterwegs essen

Wenn Sie mit der Bahn zur Arbeit fahren oder eine lange Autofahrt vor sich haben, nehmen Sie sich einen Snack und etwas Obst zum Frühstück oder für die Heimfahrt mit. Übertreiben Sie es nicht mit dem Kaffee (siehe S. 22)!

In der Mittagspause

Nehmen Sie sich, wenn Sie können, Ihr Essen mit, damit Sie eine ausgewogene Mahlzeit haben. Oft verlässt einen allerdings die Phantasie, wenn es um das Pausenessen geht, und allzu häufig ist zudem die Vorbereitungszeit knapp bemessen. Die Ernährungspläne ab Seite 32 enthalten eine Fülle von Vorschlägen, vorab aber schon einmal einige Tipps für mehr Abwechslung:

Butterbrote Gestalten Sie Ihre Butterbrote abwechslungsreicher, indem Sie immer wieder zu unterschiedlichen Brotsorten greifen. Belegen Sie Ihr Brot auch mit Salatblättern, Kresse, geraspelten Möhren, Pinienkernen und Sojabohnenkeimlingen.

Wenn Sie morgens nicht genug Zeit für die Vorbereitung haben, stellen Sie am Wochenende Brotaufstriche her. Forellen-Ricotta-Paste oder Rote-Paprika-Paste (siehe S. 65) halten sich ein bis zwei Tage.

Beim Kauf von belegten Brötchen sollten Sie fettreduzierte und Vollkornprodukte bevorzugen. Auf Baguettes und Brötchen von der Theke ist oft pasteurisierte Mayonnaise, die unbedenklich ist, aber verzichten Sie auf Reifkäse wie z.B. Brie (siehe S. 20).

Suppen Kochen Sie sie selbst (siehe S. 57–62) oder greifen Sie auf Fertigprodukte zurück. Studieren Sie das Etikett sorgfältig und vermeiden Sie Produkte mit hohem Salzgehalt. Lassen Sie Suppen auf Kraftbrühen-Basis lieber weg, denn sie halten nicht lange vor. Wenn Sie am Wochenende Zeit haben, kochen Sie einen großen Topf Suppe und frieren Sie Einzelportionen ein. Falls Sie auf der Arbeit nichts aufwärmen können, bereiten Sie sich morgens eine Thermoskanne vor.

Pellkartoffeln Als hervorragender Sattmacher liefern Kartoffeln Energie, Vitamin C und Ballaststoffe. Wenn Sie auf der Arbeit kochen können, nehmen Sie Dips mit: Mais-Salsa (siehe S. 66) oder Avocado-Käse-Dip (siehe S. 63) sind schnell zubereitet. Wenn Sie sich Ofenkartoffeln kaufen, wählen Sie fettreduzierte Dips und prüfen Sie, ob die Schale gut geschrubbt wurde. Bei Bedenken lieber nicht mitessen.

Salate Ob selbstgemacht oder gekauft, Ihr Salat sollte viele unterschiedliche Zutaten enthalten und wirklich frisch sein. Salate mit Getreide, Nudeln und Couscous versorgen nachhaltig mit Energie. Auf den Seiten 113 bis 118 finden Sie einige abwechslungsreiche Salatrezepte. Wenn Sie sich für einen Rohkostsalat entscheiden, ergänzen Sie ihn mit Eiweißspendern und Brot, damit Sie genug Energie und Nährstoffe bekommen.

Brötchen *Als Energiequelle sind Vollkornbrötchen ideal zum Mitnehmen. Möglichst abwechslungsreich belegen!*

Gesunde Taktik *Sie brauchen viel Energie, um während der Schwangerschaft den Anforderungen Ihres Jobs zu entsprechen, also vergessen Sie das gesunde Essen nicht!*

Pita-Tasche *Füllen Sie zum Mitnehmen ein Vollkorn-Fladenbrot mit Salat, gebratenem Hähnchen, Schnittlauch und rotem Johannisbeergelee.*

Schreibtisch-Snacks

Halten Sie sich einen Vorrat gesunder Knabbereien für den kleinen Hunger zwischendurch bereit.

Früchte aller Art. Kaufen Sie viele verschiedene und keine große Menge von einer Sorte, damit es nicht langweilig wird.

Cracker, Vollkornkekse und Müsliriegel.

Magnesiumreiche Kerne und Nüsse wie Mandeln und Cashewkerne.

Fruchtsaft, Mineralwasser und H-Milch in kleinen Tüten und Flaschen.

Vollkornbrötchen und Rosinenbrötchen.

Trockenfrüchte wie z.B. Feigen, Pflaumen, Birnen oder Aprikosen.

Paprikastreifen, Möhren und Baby-Mais bleiben in einer Frischebox im Kühlen den ganzen Tag appetitlich.

Fastfood Ein Hamburger oder ein Stück Pizza ab und zu schadet nicht, aber derart fetthaltige Produkte sollten nicht regelmäßig auf Ihrem Speiseplan stehen. Pizza mit Gemüsebelag ist besser als die mit den vier Käsesorten. Am besten teilen Sie sich die Pizza mit jemandem und nehmen wegen der Nährstoffe einen Salat dazu.

Geschäftsessen Auch im Restaurant können Sie gesund essen, aber widerstehen Sie der Versuchung, mehr zu essen als nötig. Auf den Seiten 30/31 finden Sie Tipps zur richtigen Auswahl.

Weniger Kochstress am Abend

Was tun, wenn Sie so müde nach Hause kommen, dass Sie keine Lust mehr zum Kochen haben? Nehmen Sie das nicht als Ausrede, um sich mit Keksen vollzustopfen oder gar nichts zu essen. Hier einige hilfreiche Tipps:

- Lassen Sie sich bei der Zubereitung helfen.
- Kochen Sie doppelte Portionen und frieren Sie die Hälfte für solche Gelegenheiten ein.
- Wenn Sie am Arbeitsplatz eine gute Kantine haben, essen Sie mittags eine warme Mahlzeit und abends nur noch etwas Leichtes.
- Legen Sie ein Stück Hähnchen oder Lachs auf den Grill und servieren Sie dazu einen großen Salat oder gedünsteten Brokkoli und ein knuspriges Brötchen.
- Nudeln sind immer für eine schnelle Mahlzeit gut. Bereiten Sie die Saucen am Wochenende zu und frieren Sie kleine Portionen für die Wochentage ein.

Wenn Sie bei Freunden essen, in Urlaub fahren oder sich in Ihrem Lieblingsrestaurant verwöhnen lassen, genügt schon ein wenig Hintergrundwissen, um auf der sicheren Seite zu sein. Auch in der Schwangerschaft steht Ihnen ein reichhaltiges Angebot zur Verfügung, das sie sorglos genießen können.

Auswärts essen

Sobald man die eigenen vier Wände verlassen hat, begibt man sich zwangsläufig auf ein unsicheres Terrain. Der Blick in fremde Küchen und somit die Art und Weise der Zubereitung und die verwendeten Zutaten bleiben einem in aller Regel verwehrt. Dies sollte jedoch kein wirkliches Problem darstellen, denn mögliche Risiken lassen sich minimieren, wenn nicht gar ausschließen.

Im Restaurant

Die meisten Restaurants bieten schwangeren Frauen eine reiche Auswahl, doch wenn Sie bei dem einen oder anderen Gericht auf der Speisekarte unsicher sind, fragen Sie ruhig, was genau enthalten ist oder wie es zubereitet wurde. Wenn der Kellner es nicht weiß, bitten Sie ihn, in der Küche nachzufragen. Hier einige Hinweise, die Ihnen bei der Auswahl helfen:

Vorspeisen Nehmen Sie keinen rohen Fisch (Sushi) oder Austern, sondern lieber eine warme Vorspeise, z.B. gegrillte Sardinen oder Garnelen. Pasteten als potentielle Listeria-Träger fallen ebenfalls aus. Da kalte gefüllte Soufflés und Cremespeisen oft mit rohem Eiweiß zubereitet werden, fragen Sie besser nach.

Hauptgerichte Rohes Fleisch und roher Fisch sind riskant. Entscheiden Sie sich daher lieber für gut durchgebratene Gerichte, deren Bratensaft klar ist. Bestellen Sie kein blutiges Steak und erkundigen Sie sich nach den Inhaltsstoffen der Saucen. Frische Sauce Hollandaise enthält rohe Eier und ist die Basis für Sauce Mousseline und Sauce Bernaise.

Desserts Soufflés, Mousse und kalte Schokoladenspeisen können Rohei enthalten. Tiramisu beinhaltet meist rohes Eiweiß. Auch „selbst gemachtes" Eis kann Rohei enthalten, aber Crème Brûlée und Crème Caramel sind unbedenklich, denn sie werden bei der Zubereitung erhitzt.

Getränke Zum Essen dürfen Sie gern mal ein Glas Wein trinken. Aber denken Sie daran: Je weniger Alkohol, desto besser, und beschränken Sie sich auf den Genuss beim Essen. Wenn Sie nach dem Essen Lust auf einen Kaffee haben, denken Sie an das Koffein (siehe S. 22).

Wenn Sie Mühe mit großen Portionen haben, suchen Sie sich statt Vorspeise und Hauptgericht einfach zwei Vorspeisen aus oder fragen Sie nach einer kleineren Portion des Hauptgerichts. Wenn Sie eine Schwäche für Nachspeisen haben, nehmen Sie doch eine Vorspeise und ein Dessert. Das ist vielleicht nicht die ausgewogenste Mahlzeit, richtet aber als seltenes Vergnügen keinen Schaden an.

Am allerwenigsten wollen Sie sich den Abend mit Sodbrennen verderben und verzichten besser auf alles, was zu scharf oder zu fett ist.

Unterwegs

Ob auf dem Weg zur Arbeit, beim Ausflug oder im Urlaub – unterwegs ist es besonders leicht, sich ungesunde Essgewohnheiten anzugewöhnen. Aber wenn sie vorausplanen, können Sie auch unterwegs gesund essen. Lassen Sie keine Mahlzeiten aus! Auch kurze Fahrten können Ihre Energiereserven plündern, besonders zur stressigen Hauptverkehrszeit oder in vollgestopften Zügen. Essen Sie

Gesunde Abwechslung Wenn Sie auswärts essen gehen, suchen Sie sich etwas aus, das bei Ihnen zu Hause selten bzw. nie auf den Tisch kommt.

Im Restaurant Die meisten Speisekarten bieten eine große Auswahl für Sie. Befolgen Sie jedoch die Ratschläge in diesem Kapitel.

Wenn Freunde Sie zum Essen einladen, wählen Sie am besten gemeinsam geeignete Speisen aus, damit Sie sich auch entspannen können, wenn serviert wird.

Tipps für den Alltag ...

Essen bei Freunden

Gerichte mit Rohei Nachtisch, Saucen oder Mayonnaise, die Rohei enthalten, sind für Sie nicht ohne Risiko.

Rohes Fleisch Parmaschinken und andere rohe Fleischprodukte sind nichts für Sie, und wenn Ihnen ein Steak serviert wird, achten Sie darauf, dass es gut durch ist.

Selbst gemachte Pastete Leberpastete ist für Sie tabu, aber alle anderen hausgemachten Pasteten sind in Ordnung.

Fisch Fisch ist sehr gesund in der Schwangerschaft, verzichten Sie lediglich auf Sushi und anderen rohen Fisch.

Käseplatte Verzichten sie auf Reifkäse mit Blau- oder Weißschimmel wie Stilton oder Brie. Lesen Sie dazu auch Seite 20!

etwas, bevor Sie aus dem Haus gehen, und nehmen Sie sich Snacks für unterwegs mit. Dazu eignen sich Äpfel, Trockenfrüchte oder Nüsse besonders gut, denn sie bleiben auch über einen längeren Zeitraum appetitlich. Wenn Sie eine längere Reise machen, schnüren Sie am Vorabend ein Proviantpaket oder holen Sie sich unterwegs belegte Brötchen, Obst oder einen Nudelsalat.

Wenn Sie im warmen Auto oder im Flugzeug sitzen, kann die Flüssigkeitszufuhr zum Problem werden. Halten Sie Wasser oder Fruchtsaft bereit und verzichten Sie möglichst auf Tee und Kaffee, die harntreibend wirken und Ihnen mehr schaden als nützen.

Im Urlaub

Sonne tanken und Entspannen sind immer gut – umso mehr, wenn Sie schwanger sind. Planen Sie eine Flugreise, dann sollten Sie vor Antritt mit Ihrer Ärztin sprechen. Auch sind die Richtlinien der einzelnen Fluggesellschaften unterschiedlich, die meisten gestatten jedoch den Flug in den ersten zwei Dritteln der Schwangerschaft, manche auch bis zur 36. Woche. Andere lassen sich im letzten Drittel ein ärztliches Attest vorlegen, erkundigen Sie sich daher rechtzeitig!

Hier einige Tipps, damit Sie auch im Urlaub Ihr Essen genießen können:

- Essen Sie nur, was sie kennen. Wenn der Wortschatz im Ausland keine Fragen zur Speisekarte erlaubt, seien Sie lieber vorsichtig und nicht zu abenteuerlustig.
- Vorsicht bei Nahrungsmitteln, die Sie an Kiosken und auf Märkten kaufen. Machen Sie einen großen Bogen um ungewaschenes Obst und Gemüse sowie um Fleischgerichte, die vielleicht nur halb durch sind.
- Auch wenn Sie jeden Abend im Hotel ein üppiges Mahl bekommen, sollten Sie nicht auf Frühstück oder Mittagessen verzichten. Sie und Ihr Baby brauchen eine regelmäßige Energiezufuhr, und Sie werden sich sehr elend fühlen, wenn Sie mit leerem Magen auf Besichtigungstour gehen.
- Bestimmte unverzichtbare Dinge nehmen Sie besser von zu Hause mit. Damit ersparen Sie sich und Ihrem Partner, zur frühen Morgenstunde die Geschäfte vor Ort durchkämmen zu müssen.
- Vergessen Sie das Wasser nicht! Trinken Sie jeden Tag mindestens sechs bis acht Gläser, dazu andere Getränke. Informieren Sie sich über die örtliche Wasserqualität und wenn Sie Bedenken haben, trinken Sie kein Leitungswasser.

Menü-Pläne

08

0. bis 8. Woche

Dieser Ernährungsplan ist ideal, wenn Sie den Entschluss gefasst haben, ein Kind zu bekommen. Er fördert die Fruchtbarkeit und gibt Ihrem Baby den bestmöglichen Start ins Leben. Wenn Sie bereits schwanger sind, wird er Ihnen helfen, die Nährstoffe zu bekommen, die Sie und Ihr Baby brauchen.

Wenn Sie schwanger sind oder schwanger werden möchten, dann sollten Sie unbedingt ein Folsäure-Präparat einnehmen (siehe Kasten gegenüber) und sich natürlich gesund ernähren.

Ein neuer Lebensstil

Wenn Sie erst kürzlich entdeckt haben, dass Sie schwanger sind, werden Ihnen viele Fragen durch den Kopf gehen. Aber machen Sie sich um Ihren bisherigen Lebensstil keine Sorgen! Wie der Neujahrstag, so ist auch der Tag, an dem Sie feststellen, dass Sie schwanger sind, bestens dafür geeignet, gute Vorsätze zu fassen. Sie können auf vielfältige Weise Ihre Ernährung verbessern und dafür sorgen, dass Sie die Anstrengungen der Schwangerschaft problemlos bewältigen und Ihr Baby mit den nötigen Nährstoffen und Energie versorgen. Wenn Sie jetzt Ihr Leben gesünder gestalten, profitieren Sie und Ihr Baby gleichermaßen davon – und zwar weit über die Geburt hinaus.

Was Sie brauchen

Da in diesem Stadium der Schwangerschaft Ihr Energiebedarf nur geringfügig steigt, sollten Sie sich von Ihrem Appetit lenken lassen und nicht zu oft der Versuchung

MENÜ-PLAN

	Montag	Dienstag	Mittwoch
Morgens	· Fruchtsalat · Naturjoghurt mit Honig · Rosinenbrötchen oder Toast	· Volkornzerealien mit Milch · Fruchtsaft · Banane	· Körnerbrötchen mit Marmelade · Quark mit getrockneten Aprikosen
Mittags	· 1 Stück selbst gemachte Pizza · Großer Salat · Fruchtjoghurt	· Baguettebrötchen mit Ricotta, Tomaten und Salat · Pfannkuchen · 1 Stück Melone	· Große Ofenkartoffel mit Thunfisch und Mais · *Orientalischer Krautsalat* · Crème Caramel
Abends	· *Augenbohnengemüse mit Pilzen* auf Reis · *Pochierte Birnen mit Kardamon und Schokoladensauce*	· *Makrele in Haferflockenkruste mit Himbeersauce* · Kartoffeln und Erbsen · Zitronensorbet	· *Pizza mit Champignons, Spargel und Rukola* · *Gefüllter Möhrenkuchen*

erliegen, mehr zu essen als sie müssen. Frauen mit einer gesunden Schwangerschaft sind regelmäßige Bewegung (Schwimmen oder Walking) und ein aktiver Lebensstil zu empfehlen, denn damit halten Sie sich fit und Ihr Gewicht im angemessenen Rahmen. Wenn Sie aufgrund früherer Fehlgeburten oder anderer gesundheitlicher Umstände eine Risikoschwangerschaft haben, ist allerdings von allzu viel Sport abzuraten. Sprechen Sie in jedem Fall mit Ihrer Ärztin oder Hebamme! Aus gesundheitlichen Gründen sollten Sie natürlich auch mit dem Rauchen aufhören sowie mit allen anderen Freizeitdrogen, falls nicht schon geschehen. Rauchen in der Schwangerschaft kann Untergewicht beim Kind und Komplikationen zur Folge haben, z.B. ein erhöhtes Fehlgeburtsrisiko. Auch fügt es Ihrem Baby langfristig gesundheitliche Schäden zu.

Stichwort *Folate und Folsäure*

Obwohl Folate (Folsäure ist die synthetische Version) in vielen Nahrungsmitteln vorkommen, genügt eine gesunde Kost allein nicht, um das Risiko einer offenen Wirbelsäule (Spina Bifida) oder anderer Neuralrohrdefekte beim Kind auszuschalten. Nehmen Sie vor der Schwangerschaft und im ersten Drittel (0.–12. Woche) 0,4 mg Folsäure täglich als Nahrungsergänzung und essen Sie in der ganzen Schwangerschaft Nahrungsmittel, die reich an Folaten sind.

Spargel, Avocado, Rote Beete, Augenbohnen, Rosenkohl, Honigmelone, angereicherte Frühstückszerealien, Orangen, Spinat, Vollkornbrot und -nudeln.

Sie fühlen sich müde?

Wenn Sie tagsüber häufiger müde sind:

◆ Lassen Sie Ihre Eisenwerte überprüfen (siehe S. 43). Anämie ist eine häufige Ursache.

◆ Essen Sie regelmäßig. Auf dieser Doppelseite finden Sie Vorschläge für gesunde Mahlzeiten, die bei Müdigkeit Abhilfe schaffen.

◆ Greifen Sie zu nahrhaften kohlenhydratreichen Snacks, die lang anhaltend Energie spenden, ein Sandwich z.B., ein Pfannkuchen oder ein Körnerbrötchen. Kekse, Schokolade und süße Getränke bringen nur einen kurzen Energieschub und Sie bekommen schnell wieder Hunger.

Donnerstag	Freitag	Samstag	Sonntag
• Gekochtes Ei mit Vollkorntoast • *Birnen-Apfel-Weintrauben-Erdbeer-Drink*	• Müsli mit Datteln und Milch • Fruchtsaft	• *Erdbeer-Milchshake* • Croissant oder Brötchen	• Gebratener Frühstücksspeck mit Tomaten • Vollkorntoast • Fruchtsaft
• Sandwich mit Käse, Rukola und Zitronendressing • *Melonen-Erdbeer-Drink*	• Cracker mit Käse und Tomatensalat • Klementine oder Orange • Joghurt mit Honig	• *Brokkoli-Pfefferminz-Suppe mit Polenta Croutons* • Brötchen • Banane	• *Thunfisch-Fenchel Lasagne* • *Zuckererbsen-Avocado-Salat* • Sorbet aus schwarzen Johannisbeeren
• *Schweinegeschnetzeltes mit Paprikamix* auf Reis • Fruchtquark • Roggenkekse	• *Cashew-Zucchini-Risotto* • Gemischter grüner Salat • 1 Stück Schokoladenkuchen mit Pecannüssen vom Blech	• *Marokkanische Kürbis-Kichererbsen-Taschen* • *Schnittlauch-Couscous* • *Mango-Passionsfrucht-Sahnecreme*	• *Rindergulasch* mit Kartoffelpüree und Brokkoli • *Aprikosen-Mandel-Torte*

Snacks & Drinks

Trinken Sie sechs bis acht große Gläser Wasser zusätzlich zu allen anderen Getränken.

Verzichten Sie wenn möglich selbst bei Müdigkeit auf koffeinhaltige Getränke, denn sie entziehen dem Körper Wasser. Nehmen Sie lieber einen Fruchtsaft, ein großes Glas kaltes Wasser oder Magermilch.

Wenn Sie einen Snack brauchen, greifen Sie zu Obst oder Fruchtsaft. Vorschläge für Gehaltvolleres finden Sie auf den Seiten 27 bis 29.

Folgen Sie Ihrem Appetit, aber denken Sie daran, dass Ihr Energiebedarf in diesem Stadium der Schwangerschaft nur geringfügig steigt.

9 12

9. bis 12. Woche

Am Ende des dritten Monats ist der Embryo bereits sieben bis neun Zentimeter lang, und eine gute Ernährung ist seiner Entwicklung förderlich. Der Menü-Plan für dieses Stadium enthält Rezepte, die reich an den lebenswichtigen Bausteinen Magnesium und Vitamin A sind.

Was **Ihr Baby** braucht

Magnesium ist für Ihr Baby wichtig, weil es unter anderem für den Knochenaufbau benötigt wird. Wie eine aktuelle Studie zeigt, gibt es zwischen der Magnesium-Aufnahme im ersten Schwangerschaftsdrittel und Gewicht, Größe und Kopfumfang des Babys bei der Geburt einen Zusammenhang – Grund genug also für eine magnesiumreiche Kost.

Ihr Baby braucht Vitamin A für die gesamte Entwicklung, besonders für eine gesunde Haut, den Magen-Darm-Trakt und die Lungen. In den ersten drei Monaten legt das Baby seinen eigenen Vitamin-A-Speicher an und ist daher auf eine gute Versorgung angewiesen. Süßkartoffeln, Möhren, Kürbis, Spinat und Mangos sind die Lieferanten, zu denen Sie im Menü-Plan viele Rezeptideen finden.

Was **Sie** brauchen

Magnesium ist unerlässlich für alle Muskeln – auch die des Uterus – und unterstützt den Gewebeaufbau. Zum Glück ist es reichlich in grünem Salat, Nüssen, Sojabohnen, Kernen (besonders Kürbis, Melone und Sonnenblumen) und ungeschältem Korn vorhanden. Diese magnesiumreichen Nahrungsmittel sollten Sie in Ihren Speiseplan einbauen. Da die Plazenta den Magnesiumspiegel reguliert, müssen Sie sich über ein Zuviel keine Gedanken machen. Ein fallender Magnesiumspiegel gegen Ende der Schwangerschaft hingegen scheint wehenauslösend zu wirken.

Vitamin A ist gut für die Haut und die Schleimhäute der inneren Organe. Essen Sie viele fettreduzierte Milchprodukte wie Milch, Joghurt, Quark und Käse – und achten Sie auf das Verfallsdatum!

MENÜ-PLAN

	Montag	Dienstag	Mittwoch
Morgens	• Müsli mit Milch • Fruchtsaft • Toast mit Hefeexrakt-Paste	• *Bananen-Mandel-Drink*	• Cornflakes mit getrockneten Aprikosen und Milch • Fruchtsaft
Mittags	• *Spinatsuppe mit Kreuzkümmel* • Brötchen mit Hähnchenfleisch und Tomate • Mandarine	• Ofenkartoffel mit gebackenen Bohnen und geriebenem fettarmen Käse • Grüner Salat • Birne	• *Schnittlauch-Couscous* mit Feta-Würfeln • *Orient. Krautsalat* • *Frische Mango- und Papayastreifen*
Abends	• *Lachs thailändisch* mit neuen Kartoffeln und grünem Salat • Mangosorbet	• *Hänchenbrustfilet mit Süßkartoffeln und Fenchel,* dazu Zuckererbsen • *Himbeer-Joghurt-Crème Brûlée*	• *Rindfleisch-Spinat-Auflauf* mit Erbsen und Möhren • *Winter-Obstsalat* mit fettarmen Vanilleeis

Müdigkeit und Unwohlsein

Müdigkeit kann sich in diesem Stadium der Schwangerschaft als Problem erweisen. Morgens erscheint es Ihnen vielleicht unmöglich aufzustehen. Möglicherweise ist Ihnen auch übel, und dann haben Sie bestimmt keine Lust auf ein gesundes Frühstück. Da Sie sich aber in einer für Sie und Ihr Baby wichtigen Phase befinden, dürfen Sie das Frühstück nicht ausfallen lassen.

Übelkeit ist nicht nur unangenehm, sondern auch heikel, falls Sie Ihre Schwangerschaft noch nicht publik gemacht haben. Obwohl man meist von der „morgendlichen" Übelkeit spricht, kann sie zu jeder Tageszeit auftreten. Hier einige praktische Tricks:

- Stellen Sie sich trockene Kekse ans Bett und knabbern Sie ein paar vor dem Aufstehen.
- Gegen Übelkeit helfen Ingwer-Getränke wie Ginger Ale oder auch eine Tasse heißes Wasser mit einem Schnitz frischem Ingwer.
- Essen Sie zwischen den Mahlzeiten kleine, einfache Snacks wie Reisgebäck oder Butterkekse.
- Wenn Ihnen von den Kochgerüchen schlecht wird, bitten Sie Ihren Partner, die Mahlzeit zuzubereiten, oder kochen Sie, wenn Sie sich wohl fühlen, zusätzliche Portionen zum Einfrieren.
- Wenn Sie gar nichts essen oder trinken können, dehydrieren Sie. Fragen Sie Ihre Ärztin oder Hebamme um Rat. Vielleicht bekommen Sie Vitamin-B_6-Tabletten, die sehr hilfreich sein können, aber nicht ohne ärztliche Anweisung eingenommen werden sollten.

Wenn Sie gewöhnlich das Frühstück auslassen oder sich mit dem Essen schwer tun, versuchen Sie es einmal mit nachfolgenden Snacks. Es ist wichtig für Sie und Ihr Baby, morgens schon wertvolle Nährstoffe zu tanken. Warten Sie damit auf keinen Fall bis zum Mittagessen!

Tipps für den Alltag ...

Arbeitsfrühstück

Etwas Leichtes Machen Sie sich einen Joghurtdrink und nehmen Sie ihn für Unterwegs in der Thermoskanne mit. Ausführliche Rezepte finden Sie auf den Seiten 79-83, aber grundsätzlich geht hier fast alles: Mixen Sie z.B. Halbfettmilch, ein bis zwei Löffel Joghurt und Früchte nach Belieben.

Etwas Süßes Kaufen Sie verschiedene kleine Packungen Frühstückszerealien und nehmen Sie jeden Tag eine mit zur Arbeit, dazu ein Stück Obst.

Etwas Kräftiges Ein knuspriges belegtes Brötchen mit Schinken oder Käse ist ein prima Frühstück oder Pausensnack.

Donnerstag	Freitag	Samstag	Sonntag
• Zwei gekochte Eier mit Vollkorntoast • Fruchtsaft oder Milch	• Angereicherte Frühstückszerealien, getrocknete Birnen und Milch	• *Winter-Obstsalat* mit griechischem Joghurt • Knuspriges Brötchen mit Marmelade	• Schokocroissant oder Brötchen • Fruchtsaft • Nektarine
• Käsesandwich • Großer gemischter Salat • *Melonen-Orangen Saft* • Weintrauben	• Wrap (Tortilla-Fladen) mit Thunfisch, Sojabohnensprossen und Zitronendressing • Joghurt mit Datteln	• *Tomaten-Paprika-Auflauf in Blätterteig,* dazu grüner Salat und Salzkartoffeln • *Aprikosen-Dessert*	• *Möhrensuppe mit Butternut Squash* • Körnerbrötchen mit Käse • Birne • Glas Milch
• *Süßkartoffel-Auflauf mit Butternut Squash,* dazu gegrillter Lachs, Brokkoli und grüne Bohnen • Zitronensorbet mit pass. Himbeeren	• *Hähnchenbrust mit Spinatfüllung im Schinkenmantel,* dazu Reis und grüner Salat • *Papaya-Ananas-Spießchen vom Grill*	• *Fischpastete mit Erbsen und Möhren* • *Panettone-Brot-Kuchen*	• *Lammkotelett libanesisch* mit Zucchini und Brokkoli • *Mango-Passionsfrucht-Sahnecrème*

Snacks & Drinks

Zu diesem Zeitpunkt brauchen Sie wenig zusätzliche Kalorien. Haben Sie Lust auf einen Snack, dann greifen Sie zu Obst, Joghurt oder Magermilch.

Wenn Sie Essen und Trinken nicht länger als einen Tag bei sich behalten können, fragen Sie Ihre Ärztin oder Hebamme um Rat.

Vergessen Sie nicht, zusätzlich zu allen anderen Getränken sechs bis acht große Gläser Wasser am Tag zu trinken.

13 16

13. bis 16. Woche

In dieser Phase verschwindet meist die Übelkeit und Sie fühlen sich wieder fitter, bekommen Freude am Essen und haben vielleicht sogar Lust auf ein Glas Wein. Wenn Sie Ihren Appetit wiedererlangt haben, genießen Sie ruhig, aber gesund!

Was **Sie** brauchen

Nutzen Sie Ihre Energieschübe, doch achten Sie darauf, sich nicht zu überanstrengen. Ergreifen Sie lieber die Gelegenheit, sich zu organisieren:

- Kochen Sie doppelte Portionen und frieren Sie einen Teil davon ein. So haben Sie Vorräte, sollte die Müdigkeit Sie noch einmal überkommen.
- Versuchen Sie ungewöhnliche Obst- und Gemüsesorten und probieren Sie neue Rezepte aus, dadurch steigern Sie die Nährstoffvielfalt. Legen Sie Vorräte von allem an, was schwer ist, wie z.B. Saftkartons.
- Wie wäre es, wenn Sie Ihre Einkäufe via Internet erledigen? Manche Online-Shops liefern Ihnen sämtliche Tüten nach Hause – eine Zeitersparnis von unschätzbarem Wert, auch wenn das Baby da ist.

MENÜ-PLAN

	Montag	Dienstag	Mittwoch
Morgens	· Naturjoghurt mit Honig · Fruchtsaft · Vollkornbrötchen oder -toast	· Kleieflocken mit Milch · Orangen- und Grapefruitstreifen	· Müsli mit Milch · Fruchtsaft
Mittags	· Sandwich mit Dosenlachs und Salat · Weintrauben · Müsliriegel · Milchshake	· Wrap mit Hühnchensalat · Fettarmer Fruchtjoghurt · Möhren-Apfel-Limonen-Saft	· *Wurstbrät in Ricotta-Teigmantel*, · *Rotkohlsalat* · 1 Stück *gefüllter Möhrenkuchen*
Abends	· *Cashew-Zucchini Risotto* · *Warmer grüner Salat* · Zitronensorbet mit passierten Himbeeren	· *Sardinenstrudel* mit neuen Kartoffeln und Zucchini · *Obstsalat mit Erdbeeren, Birnen und Passionsfrucht*	· *Fischpastete* mit grünen Bohnen und Zucchini · *Aprikosen-Dessert mit Baiser*

Lust auf einen Drink?

Obwohl viele Frauen in den ersten Wochen auf Alkohol verzichten (und manche in den ganzen neun Monaten), haben Sie vielleicht mal Lust auf ein Glas Wein. Es ist nicht bekannt, ob Alkohol sich in den verschiedenen Stadien der Schwangerschaft jeweils anders auswirkt, aber um auf der sicheren Seite zu sein, sollten Sie sich – lässt es sich nicht ganz vermeiden – auf ein gelegentliches Glas Wein zum Essen beschränken. Mehr Infos zu diesem Thema auf S. 21.

Stichwort *Jod*

Um die 14. Woche nimmt die Schilddrüse des Babys ihre Arbeit auf und beginnt, Hormone herzustellen. Die Schilddrüse braucht Jod, um einwandfrei zu funktionieren. Da Fisch, Muscheln und Algen die besten Jodlieferanten sind, sollten Sie mindestens zweimal pro Woche mit den unten angegebenen Sorten kochen.

Vollkornprodukte, Schellfisch, Makrele, Krabben, Lachs, Sardinen, Algen, Forelle.

Was Ihr Baby braucht

Eine ausgewogene Mischkost ist weiterhin sehr wichtig, denn Ihr Baby, das nun schon wie ein vollständiger kleiner Mensch aussieht, benötigt viele Nährstoffe zur Entwicklung. Zu den wichtigsten gehören in dieser Phase Vitamin D und die Omega-3-Fettsäuren DHS und EPS, die essenziell für die Entwicklung von Gehirn und Augen des Kindes sind. Da Fisch und Meeresfrüchte hierfür die besten Nahrungsquellen sind, enthält der Menü-Plan viele Fischrezepte. Fisch ist ebenfalls ein ausgezeichneter Jodlieferant (siehe Kasten oben). Wenn Sie keinen Fisch mögen, kann Ihnen Ihre Ärztin sicherlich ein Ergänzungspräparat empfehlen.

Donnerstag	Freitag	Samstag	Sonntag
• Rosinenbrötchen • Heiße Schokolade • *Winter-Obstsalat*	• Haferflocken mit Milch und Ahornsirup • Fruchtsaft	• Joghurt mit getrockneten Aprikosen • Fruchtdrink	• Pfannkuchen oder Waffel mit Zitronensaft und Vanillezucker • Pfirsich oder Grapefruit
• *Forellen-Ricotta-Paste*, dazu Pita-Brot und Rotkohlsalat • Pfannkuchen • Orange oder Pfirsich	• *Zuckererbsen-Bohnen-Salat mit Pesto* • *Knuspriges Brötchen* • Crème Caramel	• *Hühner-Graupen-Suppe mit Wurstbrätklößchen* • *Preiselbeer-Haferplätzchen*	• *Birnen-Walnuss-Salat* • Gekochter Schinken • Einige Scheiben Dreikerne-Brot
• *Lammkotelett libanesisch* mit neuen Kartoffeln und Brokkoli • Eis mit Fruchtsauce	• *Hähnchenbrust mit Chorizo (Knoblauchwurst) und Oliven,* dazu Erbsen • *Safran-Zitrone-Milchreis*	• *Makrele in Haferflockenkruste mit Himbeersauce,* dazu neue Kartoffeln und Brokkoli • Zitronenjoghurt	• *Rindergulasch* mit *Kartoffel-Apfel-Auflauf* und grünen Bohnen • *Panettone-Brot-Kuchen*

Snacks & Drinks

In diesem Stadium der Schwangerschaft nimmt der Energiebedarf nur geringfügig zu.

Wenn der kleine Hunger kommt, greifen Sie zu Obst oder einem Rosinenbrötchen, und wenn Sie dann noch immer hungrig sind, versuchen Sie einen der auf den Seiten 27 bis 29 vorgestellten Snacks. Wenn Sie das Essen nicht bei sich behalten, fragen Sie ihre Ärztin um Rat.

Trinken Sie viel Wasser – mindestens sechs bis acht große Gläser am Tag, zusätzlich zu allen anderen Getränken.

17 20

17. bis 20. Woche

Im zweiten Drittel der Schwangerschaft werden Sie sich seltener müde fühlen und mitunter sogar regelrecht aufblühen. Ihr Baby fängt an, sich zu bewegen, und braucht eine ordentliche Portion Vitamin D und Kalzium für seinen Knochenaufbau.

Dies ist eine günstige Zeit für einen kleinen Schwangerschaftsurlaub, denn nun, da die Hormone sich eingependelt haben, sollten Sie sich eigentlich sehr gut fühlen. Ein paar freie Tage sind bestens dafür geeignet, Gymnastik zu treiben, Schlaf nachzuholen und gesund zu essen. Es besteht kaum noch das Risiko einer Fehlgeburt und Sie können beruhigt eine Flugreise buchen (siehe S. 31). Das Vitamin D, das beim Sonnenbaden in der Haut entsteht, ist zudem gut für die Knochen Ihres Babys.

Was Ihr Baby braucht

Für den Aufbau gesunder Zähne und Knochen benötigt Ihr Baby viel Vitamin D und Kalzium. Fisch ist die Hauptnahrungsquelle für Vitamin D, und folglich enthält der Menü-Plan viele Fisch-Rezepte. Wenn Sie keinen Fisch mögen, greifen Sie zu Eiern, denn auch sie enthalten viel Vitamin D. Eine Nahrungsergänzung von täglich 0,01 mg Vitamin D ist empfehlenswert.

Maßvolles Sonne tanken kurbelt die eigene Vitamin-D-Produktion in der Haut an – zu viel erhöht allerdings das Hautkrebs-Risiko. Eine halbe Stunde am Tag sorgt bereits für die benötigte Menge, also übertreiben Sie nicht und verwenden Sie unbedingt eine Sonnenmilch. Sie schützt Ihre Haut, beeinträchtigt jedoch nicht die Vitamin-D-Produktion.

MENÜ-PLAN

	Montag	Dienstag	Mittwoch
Morgens	• Kleieflocken • Orangen- und Grapefruitstreifen • *Himbeer-Joghurt-Drink*	• Haferflocken mit Milch und Ahornsirup • Orangensaft	• Gekochte Eier mit Vollkorntoast • Halbe Grapefruit
Mittags	• Ofenkartoffel mit *Avocado-Käse-Dip* • Grüner Salat • Nektarine	• *Rote-Paprika-Paste* • Vollkornbrot • Vanillejoghurt mit getrockneten Birnen	• Sandwich mit Hoummos • 1 Stück *Bananen-Paranuss-Kuchen* • Fruchtsaft
Abends	• *Pizza mit Champignons Spargel und Rukola* • *Orientalischer Krautsalat* • *Winter-Obstsalat*	• *Fisch-Spießchen in Kokosmarinade* • *Schnittlauch-Couscous* • Crème-Caramel mit Kiwi	• Tofugemüse • Knuspriges Brot • *Himbeer-Joghurt-Crème Brûlée*

Stichwort *Kalzium*

Kalzium ist notwendig für gesunde Zähne und Knochen – für Ihre und die Ihres Babys – und senkt zudem das Präeklampsie-Risiko. Um Ihren Kalziumbedarf zu decken, wählen Sie Magermilchprodukte und andere fettarme Kalziumquellen, damit Sie nicht unnötig viel Fett zu sich zu nehmen.

Mandeln, Aprikosen (getrocknet), Gebackene Bohnen, Käse, Kichererbsen, Fisch (mit Gräten), Tahin-Paste, Tofu, Spinat, Joghurt.

Was Sie brauchen

Kalzium ist wichtig für das Nervensystem und die Muskeln sowie für gesunde Zähne und Knochen. Da Sie Ihr Baby mit Kalzium versorgen, müssen Sie viele kalziumreiche Nahrungsmittel zu sich nehmen, besonders Milchprodukte und Dosenfisch.

Eine zusätzliche Kalziumeinnahme ist nur in Einzelfällen angeraten, da der Körper in der Schwangerschaft mehr Kalzium aus der Nahrung aufnimmt als sonst.

Kalzium und Präeklampsie

Wenn Sie sich kalziumreich ernähren, mindern Sie auch das Risiko, an Schwangerschaftshochdruck (Präeklampsie) zu erkranken, das während der ganzen Schwangerschaft besteht. Bei Studien mit Frauen mit erhöhten Schwangerschaftshochdruck-Risiko erkrankten diejenigen, die ein Kalzium-Präparat einnahmen, seltener an Präeklampsie als diejenigen ohne Präparat. Wenig Nutzen hatte die Einnahme allerdings für Frauen ohne erhöhtes Präeklampsie-Risiko. Wenn Sie sich für gefährdet halten, fragen Sie Ihre Ärztin nach einem Ergänzungspräparat, denn die täglich einzunehmende Menge ist von Frau zu Frau verschieden.

Donnerstag	Freitag	Samstag	Sonntag
• *Winter-Obstsalat* mit griechischem Joghurt • Fruchtsaft • *Birnen-Apfel-Weintrauben-Saft*	• Müsli mit Milch • Fruchtsaft • Toast mit Marmelade	• Gebratener Frühstücksspeck mit Champignons u. Cocktailtomaten • Knuspriges Brot mit Marmelade	*Brunch* • *Makrelen-Kedgeree* • Warme Brötchen • Käseplatte • Obstsalat mit Erdbeeren, Birnen und Passionsfrucht • Fruchtsaft
• *Pilzsuppe mit Walnüssen* • Mango oder Orange • 1 Stück *Schokoladenkuchen mit Pecannüssen*	• *Sardinenstrudel* • Grüner Salat • Erdbeeren oder Klementinen	• *Spinat-Ricotta-Quiche* mit Salat • *Obstsalat mit Erdbeeren, Birnen und Passionsfrucht*	
• *Crêpe mit Avocado* und roter Paprika • Brokkoli und Erbsen • Sorbet aus schwarzen Johannisbeeren	• *Hähnchenbrust mit Süßkartoffeln und Fenchel* • *Pochierte Birnen mit Kardamom* und Crême Anglaise	• *Estragonlachs in Blätterteigmantel* • *Reis* • *Einfache Ratatouille* • *Aprikosen-Dessert mit Baiser*	• *Schweinefleisch-Spießchen mit Basilikum und Zitrone* • *Warmer grüner Salat* • *Safran-Zitrone-Milchreis*

Snacks & Drinks

Verspüren Sie die Lust auf einen Snack, dann greifen Sie lieber zu Obst, Milch oder Fruchtsaft.

Benötigen Sie etwas Kräftigeres, werden Sie sicher auf den Seiten 27 bis 29 fündig.

Machen Sie sich zwischendurch einen Magerquark mit getrockneten Aprikosen und Mandeln – eine wahre Kalziumbombe.

Wenn Sie vor dem Schlafengehen Hunger haben, versuchen Sie es mit einem Milchgetränk oder Kamillentee.

Trinken Sie täglich sechs bis acht große Gläser Wasser zusätzlich zu allen anderen Getränken.

21 24

21. bis 24. Woche

Jetzt wird Ihr Bauch immer runder. Das kann natürlich leicht dazu verführen, für zwei zu essen. Da Ihr Körper jedoch automatisch die Nährstoffaufnahme aus der Nahrung steigert, müssen Sie nicht viel mehr zu sich nehmen als sonst. Auf einen ausgewogenen Speiseplan sollten Sie aber achten.

Zu diesem Zeitpunkt fällt es Ihnen vielleicht schwer, sich an Ihre neuen Formen zu gewöhnen und sicher haben Sie auch von Zeit zu Zeit mal das Gefühl, Ihre gute Figur für immer los zu sein. Auch wenn das zum Futtern verführt, vergessen Sie nicht, dass unnötig zugenommene Pfunde später schwer wieder loszuwerden sind. Nur wenn Sie bewusst essen, halten Sie den Hunger im Zaum, versorgen sich und Ihr Baby mit den nötigen Nährstoffen und haben eine bessere Kontrolle über Ihr Gewicht.

Was **Sie** brauchen

Auch wenn Sie am liebsten eine ganze Packung Kekse wegfuttern würden, greifen Sie in die Obstschale, denn Fruchtzucker wird viel langsamer im Körper freigesetzt. So beugen Sie den Höhen und Tiefen vor, die der Verzehr schneller Energielieferanten mit sich bringt. Sollte es allerdings nicht ganz ohne Kekse gehen, dann essen Sie zunächst ein Stück Obst und anschließend ein, zwei Kekse. So geben Sie Ihrem Verlangen (zum Teil) nach, versorgen sich aber auch mit Vitaminen und länger anhaltender Energie und nehmen weniger nutzlose Kalorien zu sich.

Erleichtern Sie sich das Leben, indem Sie zu Hause und auf der Arbeit stets einen kleinen Vorrat an Obst, Gemüse, Brot, Nüssen und Kernen haben.

Holen Sie das Beste aus der Nahrung heraus

Auch wenn Sie vielfältige Nährstoffe zu sich nehmen, müssen Sie darauf achten, dass der Körper sie auch richtig nutzen kann. Tee und Kaffee z.B. beeinträchtigen die Eisenaufnahme aus der Nahrung, denn das in ihnen enthaltene Tannin behindert die Mineralienaufnahme. Warten Sie also nach dem Essen mindestens 30 Minuten, bevor Sie Tee oder Kaffee trinken.

MENÜ-PLAN

	Montag	Dienstag	Mittwoch
Morgens	• Joghurt mit Trockenfrüchten • Vollkornbrötchen mit Marmelade	• Müsli mit Milch und Datteln • *Möhren-Apfel-Limonen-Saft*	• Zwei gekochte Eier mit Pita-Brot • Nektarine
Mittags	• Baguettebrötchen mit gekochtem Schinken u. Salat • *Preiselbeer-Haferplätzchen* • Apfel oder Birne	• Taboulé-Salat mit Schafskäse • Banane • Müsliriegel	• Spaghetti Bolognese mit grünem Blattsalat • Joghurteis mit passierten Himbeeren
Abends	• *Augenbohnen-gemüse mit Pilzen* • *Aprikosen-Ingwer-Risotto* • Crème Caramel • Papayastreifen	• Brot mit *Mais-Salsa* • *Schweinesteak mit Orangen und Mangold*, dazu Brokkoli und Reis	• *Chorizo-Pilz-Risotto* • Joghurt mit Kiwischeiben • *Haferflockengebäck mit Pinienkernen und Ahornsirup*

Der Verzehr von reichlich Vollkornprodukten (Vollkornnudeln, -brot oder ungeschältem Reis) ist für die meisten Menschen gut, kann aber im Übermaß zu einer verminderten Aufnahme von Kalzium, Eisen und Zink führen. Manche Gemüse wie Spinat enthalten diese Mineralien, die jedoch durch so genannte Phytate gebunden sind und sich nur schwer aus der Nahrung lösen.

Benötigen Sie ein Eisen-Präparat?

Obwohl manche Ärzte gern jeder Schwangeren ein Eisen-Präparat verschreiben, ist dies nicht unbedingt erforderlich, zumal es zu Verstopfung führen kann. Ist Ihre Ärztin der Meinung, Sie seien blutarm, fragen Sie ruhig, ob Ihre Ferritin-Blutwerte überprüft wurden. Dies liefert eine verlässlichere Aussage über Ihre Eisenreserven als der Hämoglobin-Test.

Wenn Sie kein Eisen-Präparat nehmen möchten oder keins brauchen, müssen Sie viele eisenhaltige Nahrungsmittel wie Rind-, Lamm- oder Rehfleisch, angereicherte Frühstückszerealien und Ölsardinen essen.

Was Ihr Baby braucht

In dieser Zeit beginnen sich das Immunsystem und das schützende Fettgewebe Ihres Babys zu entwickeln. Der Ernährungsplan sieht eine große Vielfalt an Nahrungsmitteln und viele Eisenlieferanten vor, die für Sie und Ihr Baby in diesem Stadium unerlässlich sind.

Pflanzliche Nahrung liefert Eisen und andere Mineralien und Vitamine. Auch wenn Sie gerne Fleisch essen, gehören vegetarische Gerichte (siehe S. 85–92) in jeden gesunden und ausgewogenen Speiseplan.

Tipps für den Alltag ...

Vegetarisch leben

Hülsenfrüchte Sie liefern außer Energie und Ballaststoffen auch Eisen und sollten in jedem Speiseplan vorkommen. Probieren Sie doch mal die Marokkanischen Kürbis-Kichererbsen-Taschen von Seite 87 oder den Zuckererbsen-Bohnen-Salat mit Pesto auf Seite 114.

Eisenaufnahme maximieren Trinken Sie ein Glas Orangensaft zum Essen oder ergänzen Sie Ihre Mahlzeit mit Tomaten oder anderen Vitamin-C-Lieferanten, um die Eisenaufnahme aus der Nahrung zu steigern.

Kalziumspeicher füllen Wenn Sie keine Milchprodukte zu sich nehmen, könnte ein Kalzium-Präparat eventuell sinnvoll sein, zumindest aber viele andere kalziumreiche Nahrungsmittel (siehe S. 16).

Donnerstag	Freitag	Samstag	Sonntag
· *Winter-Obstsalat* mit Joghurt · Rosinenbrötchen	· *Bananen-Mandel-Drink* · Pita mit gekochtem Schinken	· Schokocroissant · Grapefruit- und Orangenstreifen	· Vollkornzerealien mit Sultaninen und Milch · *Möhren-Apfel-Limonen-Saft*
· Sandwich mit Cheddar · Apfel · Milch	· Wrap mit Ente und Salat · 1 Stück *Bananen-Paranuss-Kuchen* · Pfirsich oder Pflaumen	· *Pizza mit Lachs, Kapern und Crème fraîche* · Spargel-Erdbeer-Salat	· *Paranuss-Burger mit Ratatouille* · *Papaya mit Limonensaft*
· *Birnen-Walnuss-Salat* · *Penne mit Lachs und Spargel* · Stachelbeeren mit Sahne	· *Englisches Rinder-Stew mit Stout,* dazu Kartoffelpüree und grüne Bohnen · 1 Mango oder 1 Stück Melone	· *Hähnchenbrust mit Cocktailtomaten,* dazu Erbsen und Salzkartoffeln · *Birnen-Ingwer-Tasche*	· *Rindergulasch* mit Ofenkartoffeln, Brokkoli und Möhren · *Johannisbeer-Mascarpone-Surprise*

Snacks & Drinks

Folgen Sie Ihrem Appetit, auch wenn in diesem Stadium Ihr Energiebedarf nur geringfügig steigt. Greifen Sie zu nährstoffreichen Snacks. Hier einige Vorschläge:

Angereicherte Frühstückszerealien mit Milch

Pita mit Sojabohnensprossen und Hähnchenbruststreifen

Natur- oder Fruchtjoghurt mit Bananen, Birnen, Pflaumen oder getrockneten Aprikosen.

Und vergessen Sie nicht, regelmäßig und ausreichend Wasser zu trinken – mindestens sechs bis acht Gläser am Tag.

25 28

25. bis 28. Woche

Das zweite Schwangerschaftsdrittel hat seine Höhen und Tiefen. Die Hormone sorgen dafür, dass sich viele Frauen besonders sexy fühlen, aber nun drückt Ihnen das wachsende Baby bereits auf den Magen und Sie bekommen möglicherweise sogar Sodbrennen. Verstopfung ist ebenfalls ein häufiges Problem.

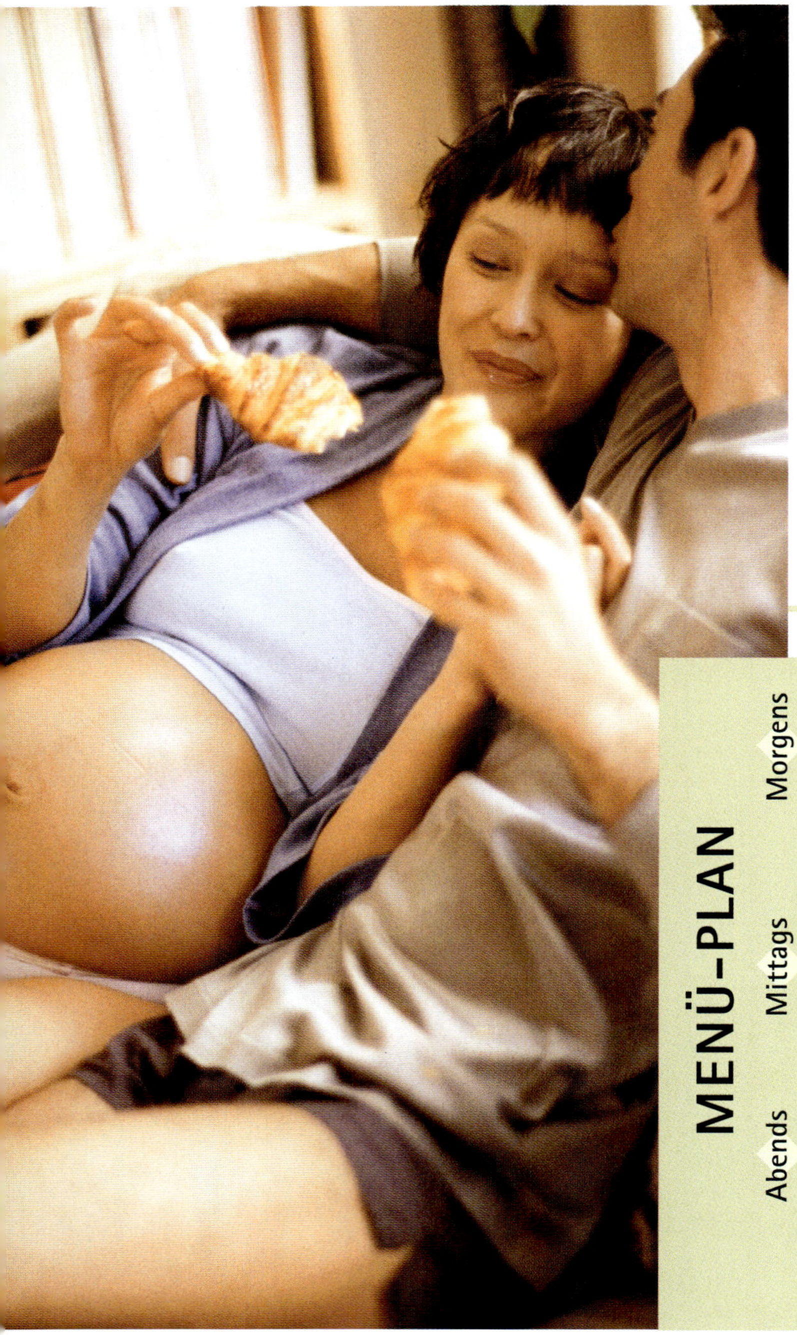

Was Sie und Ihr Baby brauchen

Kurioserweise sind viele Nahrungsmittel, denen traditionell aphrodisierende Eigenschaften zugesprochen werden, reich an essenziellen Nährstoffen. Austern enthalten viel Zink, und Spargel ist ein wichtiger Folate-Lieferant. Das Samstagsmenü wird Ihre Leidenschaft inspirieren und liefert Ihnen und dem Baby alle nötigen Nährstoffe.

Praktische Tipps für die häufigsten Probleme

In der Schwangerschaft wird der Stoffwechsel um etwa 20 Prozent beschleunigt und Ihr Körper fühlt sich auch im Ruhezustand heißer an als sonst. Wenn Sie sich überhitzt fühlen und schwitzen, trinken Sie mehr Wasser, um den Flüssigkeitsverlust auszugleichen.

MENÜ-PLAN

	Montag	Dienstag	Mittwoch
Morgens	• Vollkornzerealien mit Milch • Halbe Grapefruit • Brötchen mit Marmelade	• *Winter-Obstsalat* mit Naturjoghurt • Fruchtsaft • Toast mit Hefe-extrakt-Paste	• Rosinenbrötchen • Fruchtjoghurt • *Möhren-Apfel-Limonen-Saft*
Mittags	• Gebackene Bohnen auf Vollkorntoast • Quark • Apfel oder Birne	• *Rote-Paprika-Paste* mit Crackern • Großer Salat • Früchtekompott mit Sahne	• Wrap mit Ei, Mayonnaise und Tomaten • Pflaumen oder Weintrauben • Fruchtdrink
Abends	• *Pizza mit Lachs, Kapern und Crème fraîche* • *Rotkohlsalat* • Sorbet aus schwarzen Johannisbeeren	• *Klassische Paella* • Apfelkompott mit Vanillesauce	• *Spinatsuppe mit Kreuzkümmel* • Tomatensalat • *Birnen-Ingwer-Tasche*

Sodbrennen und Verdauungsprobleme sind in diesem Stadium der Schwangerschaft häufig. Das Hormon Progesteron verlangsamt den Weitertransport der Nahrung aus dem Magen, der durch die wachsende Gebärmutter eingeengt wird. Dadurch fließt Magensäure in die Speiseröhre zurück. Um Sodbrennen vorzubeugen sollten Sie kleinere Mahlzeiten essen, so hat Ihr Körper genug Zeit zum Verdauen. Verzichten Sie auf scharfe und fette Nahrungsmittel sowie kohlensäurehaltige Getränke. Wenn Sie sich nach dem Essen nicht hinlegen und lockere Kleidung tragen, wirken Sie Sodbrennen und Verdauungsproblemen ebenfalls entgegen.

Machen Sie zu diesem Zeitpunkt einen Bluttest, dann erfahren Sie vielleicht, dass Ihre Cholesterinwerte gestiegen sind. Das ist durchaus normal und nicht besorgniserregend. Die Werte steigen, weil Cholesterin die Grundlage für viele Hormone ist. Falls Ihre Ärztin nicht Gegenteiliges verordnet, sollten Sie von dem Versuch absehen, Ihren Cholesterinspiegel zu senken – essen Sie keine Produkte zur Senkung der Blutfettwerte, auch keine mit Sojaproteinen angereicherten.

Stichwort *Ballaststoffe*

Ballaststoffe sind wichtig für eine gesunde Verdauung. Sie wirken auch Blutzuckerschwankungen entgegen. Es gibt lösliche und nicht lösliche Faserstoffe, die beide benötigt werden. Die löslichen sorgen für einen länger anhaltenden Sättigungseffekt und gewährleisten eine gleichmäßige Zuckerausschüttung ins Blut. Die nicht löslichen beugen Verstopfung vor, indem sie den Nahrungsfluss durch die Verdauungsorgane beschleunigen und für den Abtransport von Abfallprodukten mit dem Stuhlgang sorgen.

Löslich: vor allem Obst und Gemüse
Nicht löslich: vor allem Getreide- und Kartoffelprodukte

Bleiben Sie aktiv

Der Verstopfung vorzubeugen ist viel angenehmer als sie zu bekämpfen, wenn sie einmal da ist. Trinken Sie also viel Wasser (mindestens sechs bis acht große Gläser am Tag) und essen Sie regelmäßig und ausreichend Ballaststoffe. Auch leichte sportliche Aktivität wie Walking oder Schwimmen sind hilfreich. Achten Sie aber darauf, sich nicht zu überanstrengen.

Donnerstag	Freitag	Samstag	Sonntag
• Knuspriges Brötchen mit Käse • Birne oder Pfirsich • *Möhren-Apfel-Limonen-Saft*	• Vollkornzerealien mit getrockneten Aprikosen und Milch • Fruchsaft	Ein bisschen länger schlafen und dann ein leckerer BRUNCH? • *Aprikosen-Pfirsich-Powerpunsch* • *Crêpe mit Avocado und roter Paprika* • *Papaya-Ananas-Spießchen vom Grill*	• Croissant • Grapefruit- und Melonenstreifen • Naturjoghurt mit Honig
• Nudelsalat mit gek. Schinken und Paprikastreifen • *Haferflockengebäck mit Pinienkernen und Ahornsirup*	• Ofenkartoffel mit *Avocado-Käse-Dip* • Erdbeeren oder Orange		• *Chorizo-Pilz-Risotto* • Rukola-Mizuna-Salat (Mizuna = jap. Schnittkohl) • Erdbeeren
• *Gegrill. Fächerfisch mit Fenchel*, dazu neue Kartoffeln, grüne Bohnen und Blumenkohl • *Obstsalat mit Erdbeeren, Birnen und Passionsfrucht*	• *Gemüsecurry* mit Reis • Mango mit Vanilleeis	• *Hähnchenbrust in Spargel-Sahne-Sauce* • *Pochierte Birnen mit Kardamom und Schokoladensauce*	• *Schweineschnitzel mit Stangensellerie*, dazu Stangenbohnen und neue Kartoffeln • *Aprikosen-Dessert mit Baiser*

Snacks & Drinks

Wenn Sie vor dem Zubettgehen Hunger haben, nehmen Sie ein Milchgetränk, eine Portion Zerealien oder einen Magerjoghurt.

Auch Paranüsse sind ein idealer Snack: Eine Nuss enthält etwa 0,075 mg Selen, das entspricht dem gesamten Tagesbedarf. Legen Sie sich doch ein Tütchen in die Schreibtischschublade.

Und vergessen Sie nicht zusätzlich zu allen anderen Getränken mindestens sechs bis acht große Gläser Wasser am Tag zu trinken.

29 32

29. bis 32. Woche

Ihr Baby legt jetzt kräftig an Gewicht zu und Sie müssen gut essen, um es mit Energie, Fetten, Vitaminen und Mineralien zu versorgen. Es ist jetzt schon sehr aktiv – sogar in der Nacht. Sollten Sie unter Schlafstörungen leiden, dann finden Sie hier einige praktische Tipps und Tricks.

Was Sie und Ihr Baby brauchen

Wenn Sie unruhige Nächte haben und tagsüber müde sind, wollen Sie bestimmt nicht stundenlang in der Küche stehen. Jetzt brauchen Sie rasch zubereitete, praktische Mahlzeiten, auf die Sie auch in den nächsten Monaten zurückgreifen können. Die einfachen Gerichte im Menü-Plan machen satt und decken ohne großen Stress den gesamten Nährstoffbedarf.

Da Müdigkeit auch ein Zeichen für Anämie sein kann, kochen Sie auch eisenhaltige Gerichte. Schmortöpfe brauchen zwar etwas länger, aber man kann sie gut im Voraus zubereiten und einfrieren oder ein bis zwei Tage im Kühlschrank lagern. Probieren Sie einmal das Rindergulasch oder das Englische Rinder-Stew mit Stout (beide S. 111). Im Unterschied zu Vitamin C geht das in Nahrungsmitteln enthaltene Eisen nicht an der Luft verloren.

In diesem letzten Drittel der Schwangerschaft wächst Ihr Baby immer schneller und Sie bekommen mitunter Sodbrennen oder andere Verdauungsprobleme. Steigen Sie deshalb auf kleinere Portionen um und nehmen Sie fünf kleine Mahlzeiten am Tag zu sich. Verzichten Sie auf frittierte oder in Fett gebratene Speisen. Machen Ihnen Verdauungsprobleme zu schaffen, bedeutet dies nur, dass Ihr Baby wunderbar wächst und wahrscheinlich ein gesundes Geburtsgewicht haben wird. Beruhigend, denn Babys mit niedrigem Geburtsgewicht sind im Verlauf ihres Lebens anfälliger für Krankheiten.

Das Schlafproblem

Ihr Baby bewegt sich nun sehr viel. Seine innere Uhr muss allerdings nicht unbedingt mit Ihrer übereinstimmen, und das hat sicherlich einige unruhige Nächte zur

MENÜ-PLAN

	Montag	Dienstag	Mittwoch
Morgens	• Vollkornzerealien mit Milch • ½ Grapefruit	• *Bananen-Mandel-Drink* • Früchtebrot	• Brötchen mit Käse • Birne • *Möhren-Apfel-Limonen-Saft*
Mittags	• Salat Niçoise mit Baguette • Trinkjoghurt oder Milchshake	• *Bulgur-Kürbiskern-Salat* mit Tofu oder Schafskäse • Joghurt und Weintrauben	• Gegrillte Sardinen auf Toast mit Tomaten • 1 Stück *gefüllter Möhrenkuchen*
Abends	• *Rindfleisch-Spinat-Auflauf*, dazu *Süßkartoffel-Auflauf mit Butternut Squash* • Griechischer Joghurt mit Orangen und Datteln	• *Makrelen-Kedgeree* mit Erbsen und Mais • Erdbeersorbet	• *Spinatsuppe mit Kreuzkümmel* • *Cheddar-Stangensellerie-Küchlein* • Pfirsich oder Klementine

Essen und Trinken können eine wertvolle Hilfe sein, wenn Sie nur schwer in den Schlaf finden. Mit einigen wenigen Vorbereitungen müssen Sie nachts auch weniger oft raus und verhelfen sich so zu der nötigen Ruhe.

Tipps für den Alltag ...

Gut schlafen

Entspannen Haben Sie Probleme mit dem Einschlafen, dann trinken Sie vor dem Zubettgehen einen Kamillentee oder eine warme Milch, das beruhigt.

Nächtliche Hungeranfälle vermeiden Essen sie kohlenhydratreiche Beilagen wie Brot, Nudeln, Reis und Kartoffeln zum Abendessen oder vor dem Schlafengehen noch eine Portion Frühstückszerealien, um leichter in den Schlaf zu finden.

Gute Vorbereitung Um in der Nacht bei Durst nicht aufstehen zu müssen, sollten Sie sich ein großes Glas Wasser ans Bett stellen. Wenn Sie regelmäßig hungrig wach werden, halten Sie eine Thermoskanne mit warmer Milch bereit und trinken Sie davon, um wieder in den Schlaf zu finden. Da nachts der Speichelfluss abnimmt, sollten Sie nichts Süßes essen oder trinken, wenn Sie sich nicht hinterher die Zähne putzen.

Folge. Mit dem Baby wächst auch die Gebärmutter, die Ihnen nun auf die Blase drückt und so vielleicht einen erhöhten Drang zum Harnlassen auslöst. In dem Kasten links finden Sie einige Tipps und Tricks, um Abhilfe zu schaffen. Auf keinen Fall sollten Sie weniger Wasser trinken, nur um nachts nicht raus zu müssen, schließlich benötigen Sie immer noch sehr viel Flüssigkeit.

Gehirnnahrung für Ihr Baby

Ungesättigte Fettsäuren werden immer gebraucht, aber manche sind in der Schwangerschaft besonders wichtig. Die Omega-3-Fettsäuren DHS und EPS sind nötig für die Entwicklung von Augen, Gehirn, Blut und Nervensystem des Babys und werden verstärkt im letzten Drittel der Schwangerschaft benötigt. In diesem Stadium wächst das Gehirn Ihres Babys besonders schnell. Babys, die zu früh oder untergewichtig zur Welt kommen, haben diese wichtige Phase vielleicht verpasst und müssen daher mit einer Kost, die reich an Omega-3-Fettsäuren ist, ernährt werden. Auf der Säuglingsstation rät man Müttern daher in der Regel zu stillen oder angereicherte Fertigmilch zu verwenden. Bauen Sie folgende Nahrungsmittel regelmäßig in Ihren Speiseplan ein:

- Fettreiche Fischsorten wie Lachs, Makrele, Hering etc.
- Nüsse und Kerne von Sonnenblumen, Mandeln etc.
- Grüne Blattgemüse
- Sonnenblumen-, Lein- oder Rapsöl

Donnerstag	Freitag	Samstag	Sonntag
• Müsli mit Datteln und Naturjoghurt • Fruchtsaft	• Rührei mit Schnittlauch auf Vollkorntoast • Orangensaft	• *Birnen-Apfel-Weintrauben-Saft* • Knuspriges Baguette mit Marmelade oder Käse	• Haferflocken mit Milch und Früchten • Orange oder Pfirsich • *Möhren-Apfel-Limonen-Saft*
• *Fenchel-Mandel-Suppe* mit Brötchen • Birne • *Haferflockengebäck mit Pinienkernen und Ahornsirup*	• Sandwich mit Roast Beef und Salat • Quark mit Banane	• *Schnittlauch-Couscous* mit *Ratatouille* • 1 Stück *gefüllter Möhrenkuchen*	• *Brokkoli-Lauch-Fenchel-Gratin* • 1 Stück *Bananen-Paranuss-Kuchen*
• *Chinesischer Gemüsereis* • *Mango-Passionsfrucht-Sahne-Creme*	• *Cashew-Zucchini-Risotto*, dazu Erbsen und Brokkoli • Eis	• *Pizza mit Lachs, Kapern und Crèmes fraîche* • *Orientalischer Krautsalat* • *Birnen-Ingwer-Tasche*	• *Hähnchen-Kasserole mit Pflaumen und Pinienkernen*, dazu gebackene neue Kartoffeln und Grünkohl • Früchtekompott mit Vanillesauce

Snacks & Drinks

Auch wenn Sie öfter zur Toilette müssen als sonst, sollten Sie weiterhin sechs bis acht große Gläser Wasser am Tag trinken.

Mittlerweile brauchen Sie eine erhöhte Energiezufuhr und dürfen, wenn Sie Hunger haben, zwischendurch ruhig snacken.

Leiden Sie an Verdauungsstörungen oder Sodbrennen, dann sollten Sie mehrere kleine Portionen über den Tag verteilt essen und sich die Menüvorschläge entsprechend aufteilen.

33 36
33. bis 36. Woche

Da Ihr Energiebedarf nun steigt, brauchen Sie viel frisches Obst und Gemüse – es ist unerlässlich für Ihre Gesundheit und die Ihres Babys. Jetzt sollten Sie allmählich auch die Gefriertruhe auffüllen, denn nach der Geburt werden Sie zunächst wenig Zeit zum Kochen haben.

Vorbereitungen treffen

Es lohnt durchaus die Mühe, wenige Wochen vor der Ankunft Ihres Babys einige Mahlzeiten für die Zeit nach der Entbindung einzufrieren. Schließlich müssen Sie sich zunächst einmal von der Geburt erholen und sich auf die veränderte Situation einstellen, da werden Sie sicher nicht viel Zeit in der Küche verbringen wollen. Selbst wenn Ihr Partner gerne kocht, wird er lieber bei Ihnen und dem Baby sein, also frieren Sie sich Gerichte ein, die allen schmecken. Viele Rezepte in diesem Buch eignen sich hervorragend für die Tiefkühltruhe bzw. das Tiefkühlfach, sie sind leicht warmzumachen oder aufzubacken. Hier vorab eine kleine Auswahl an Gerichten, die Ihnen in den ersten Tagen nach der Geburt vielfältige Nährstoffe liefern (die ausführlichen Rezepte finden Sie im Rezepteteil):

- Fenchel-Mandel-Suppe
- Möhrensuppe mit Butternut Squash
- Fischpastete
- Hähnchenkasserole mit Pflaumen und Pinienkernen
- Hähnchen mit Chorizo und Oliven
- Rindergulasch
- Spinat-Ricotta-Quiche

MENÜ-PLAN

	Montag	Dienstag	Mittwoch
Morgens	· Toast mit Käse · 1/2 Grapefruit · *Erdbeer-Milchshake*	· Kleieflocken mit Sultaninen und Milch · Orangensaft	· *Melone-Erdbeer-Drink* · Croissant mit Aprikosenmarmelade · Banane
Mittags	· Sandwich mit Hähnchenfleisch und Johannisbeermarmelade · Pfirsichjoghurt m. getr. Aprikosen	· Knuspriges Baguette mit geräuchertem Schinken und roter Paprika · *Himbeer-Joghurt-Drink*	· Sandwich mit Cashew-Butter und Bohnensprossen · 1 Stück *Bananen-Paranuss-Kuchen*
Abends	· *Paranuss-Burger* mit Ratatouille · Apfelkompott mit Vanilleeis	· *Fusilli mit Speck und Rukola* · Grüner Salat · 1 Stück *Schokoladenkuchen mit Pecannüssen vom Blech*	· *Lammkotelett libanesisch* mit Ratatouille · *Schnittlauch-Couscous* · Orangen und Datteln

Zahnpflege

Angesichts der vielen Veränderungen im Laufe der Schwangerschaft wird die Zahnpflege schnell einmal vernachlässigt. Die hormonelle Umstellung und der erhöhte Blutdruck führen bei vielen Schwangeren zu Zahnfleischbluten. Regelmäßiges und sorgfältiges Putzen ist Pflicht, und mindestens einmal in der Schwangerschaft sollten Sie zum Zahnarzt gehen. Weisen Sie unbedingt auf Ihre Schwangerschaft hin!

Die Essgewohnheiten wirken sich ebenfalls auf die Zähne aus. Wenn Sie nun täglich mehrere kleine Mahlzeiten essen, müssen Sie sich öfter die Zähne putzen. Im Mund bauen Bakterien Zucker und Stärke aus der Nahrung zu Säuren ab, die den Zahnschmelz angreifen. Diese Bakterienaktivität wird reduziert durch regelmäßiges Zähneputzen, besonders nach dem Essen. Denken Sie auch daran, dass nachts die Speichelproduktion im Mund abnimmt und späte Snacks daher weder Zucker noch Stärke enthalten sollten, sofern Sie sich nicht danach die Zähne putzen.

Was Ihr Baby braucht

Ihr Baby ist nun vollständig entwickelt und baut seine Fettreserven auf, um sich für die Welt draußen zu wappnen. Sie müssen also weiterhin gut essen, auch wenn Sie nur kleine Portionen schaffen. Eine abwechslungsreiche Kost, reich an Obst und Gemüse, unterstützt auch den Aufbau des Immunsystems Ihres Babys.

Veränderungen der Essgewohnheiten und hormonelle Veränderungen können in diesem Schwangerschaftsstadium Zähne und Zahnfleisch angreifen. Halten Sie sich den Zähnen zuliebe an folgende Tipps:

Tipps für den Alltag ...

Zahnpflege

Regelmäßig Zähneputzen Putzen Sie sich nach jedem süßen Snack die Zähne.

Käseknabberei Einige Würfel fettarmer Cheddar oder Edamer sind gut für die Zähne: Sie liefern Kalzium und regen den Speichelfluss an.

Zuckerarme Snacks Greifen Sie zu zahnfreundlicher Rohkost mit Dips.

Vitamin C Sie brauchen in der Schwangerschaft mindestens 50 mg Vitamin C täglich. Dieser Bedarf wird mit einer Schüssel Erdbeeren, einer Portion gedünstetem Brokkoli oder einer Nektarine gedeckt.

Donnerstag	Freitag	Samstag	Sonntag
• Haferflocken mit getrockneten Aprikosen und Milch • Toast mit Marmelade • Fruchtsaft	• Gekochtes Ei • Toast mit Hefeextrakt-Paste • Orange	• Gebratener Frühstücksspeck, Champignons und Tomaten • Knuspriges Brot • Fruchtsaft	• Haferflocken mit griechischem Joghurt • *Winter-Obstsalat*
• Brötchen mit Käse und Salat • Ananas- und Melonenwürfel • *Preiselbeer-Haferplätzchen*	• Ofenkartoffel mit *Mais-Salsa* • *Bananen-Mandel-Drink*	• *Marokkanische Kichererbsensuppe* • Cracker und Käse • Obst	• *Sardinenstrudel* • *Zuckererbsen-Avocado-Salat mit Basilikum-Dressing*
• *Chorizo-Pilz-Risotto* mit Brokkoli und Möhren • *Pochierte Birnen mit Kardamon und Schokoladensauce*	• *Pizza mit Ingwer und Hühnchen* • Rukola-Mizuna-Salat • Birne	• *Fisch-Spießchen in Kokosmarinade* mit Reis und Erbsen • *Warmer grüner Salat* • Mangosorbet mit Mangostückchen	• *Hähnchenbrustfilet mit Süßkartoffeln und Fenchel,* dazu Brokkoli • 1 Stück *Aprikosen-Mandel-Torte*

Snacks & Drinks

Da Ihr Energiebedarf nun steigt, werden Sie Snacks zwischen den Mahlzeiten brauchen. Auf den Seiten 27 bis 29 finden Sie viele abwechslungsreiche Vorschläge.

Bei Sodbrennen oder Verdauungsstörungen sollten Sie kleinere Portionen zu sich nehmen, dafür allerdings häufiger essen.

Wenn Sie vor dem Schlafengehen hungrig sind, trinken Sie warme Milch oder essen Sie eine Portion Frühstückszerealien.

Um besser schlafen zu können, sollten Sie den Genuss von koffeinhaltigen Getränken reduzieren.

37/40

37. bis 40. Woche

Die letzten Wochen können ganz schön lang werden, denn jetzt fiebern Sie der Ankunft Ihres Babys entgegen. Es nimmt nun jeden Tag deutlich an Gewicht zu und Ihr Energie- und Nährstoffbedarf erreicht Höchstwerte. Überlegen Sie sich jetzt, welche Snacks Sie ins Krankenhaus mitnehmen.

Was **Sie** brauchen

Die meisten Babys drehen sich während dieser Zeit mit dem Kopf nach unten und bringen sich so in Geburtsposition. In diesem Stadium leiden viele werdende Mütter an Verstopfung. Schuld daran sind unterschiedliche Faktoren: Das Baby übt beträchtlichen Druck auf den Darm aus und auch hormonelle Veränderungen sowie ein weniger aktiver Lebensstil beeinträchtigen die Verdauung.

Vorbeugen ist besser als heilen, also trinken Sie viel Wasser und nehmen Sie mehr Ballaststoffe (siehe S. 45) zu sich. Da das Baby auch auf die Blase drückt, mag Ihnen noch mehr Wasser nicht besonders verlockend erscheinen, aber es ist notwendig, damit die Ballaststoffe im Stuhl aufquellen. Tee und Kaffee sind keine Lösung – sie bewirken eher eine Verschlechterung.

Was **Ihr** Baby braucht

In dieser Phase der Schwangerschaft beginnt das zentrale Nervensystem Ihres Babys mit der Entwicklung der so genannten Myelinschicht. Durch sie werden die vielfältigen Signale, die unser Gehirn aussendet und empfängt, geschützt. Hierfür ist Vitamin B_{12} erforderlich, das fast ausschließlich in tierischen Produkten vorkommt. Aus diesem Grund sollten Sie regelmäßig mageres Rind-, Lamm- und Rehfleisch bzw. Geflügel sowie

MENÜ-PLAN

	Montag	Dienstag	Mittwoch
Morgens	• *Bananen-Mandel-Drink* • Rosinenbrötchen • Fruchtsaft	• Knuspriges Körnerbrötchen mit Marmelade • 1/2 Grapefruit • *Möhren-Apfel-Limonen-Saft*	• *Winter-Obstsalat* mit Joghurt • Brötchen mit Marmelade • Orangensaft
Mittags	• Gebackene Sardinen auf warmem Kräuterbrot • Gemischter Salat • Weintrauben	• Omlette mit geriebenem Käse • Brötchen • Pfirsich oder Banane	• Wrap mit Hähnchenfl. u. Sojabohnensprossen • 1 Stück *gefüllter Möhrenkuchen* • Milchshake
Abends	• *Pizza mit Champignons, Spargel u. Rukola* • *Rotkohlsalat* • Rhabarber-Kompott	• *Estragonlachs in Blätterteigmantel*, dazu neue Kartoffeln und Erbsen • 1 Stück *Schokoladenkuchen mit Pecannüssen vom Blech*	• *Lammkotelett m. Pfefferminz-Tomaten-Salsa*, dazu Couscous u. grüne Bohnen • Vanilleeis mit heißen Früchten

Magermilchprodukte zu sich nehmen. Vegetarierinnen werden um ein entsprechendes Präparat und angereicherte Frühstückszerealien nicht herum kommen.

Vorbereitung für das Krankenhaus

Wenn die Wehen vor der Tür stehen, sollten Sie Snacks und Getränke für den Krankenhausaufenthalt bereit stehen haben – insbesondere bei einer langen Eröffnungsphase können sich diese als ausgesprochen hilfreich erweisen.

Es gibt nur sehr wenige Untersuchungen zum Nährstoffbedarf bei der Geburt und es hängt vom Krankenhaus ab, ob man Ihnen erlaubt, während der Wehen zu essen, also fragen Sie frühzeitig nach. Hauptsächlich wird es wegen der Gefahr, den Mageninhalt zu inhalieren, nicht gestattet, was jedoch höchst unwahrscheinlich ist: sieben Fälle bei zehn Millionen Geburten.

- Nehmen Sie, wenn nötig, in der Eröffnungsphase der Wehen vor der Fahrt ins Krankenhaus eine leichte Mahlzeit zu sich.
- Packen Sie leicht verdauliche Snacks ein, falls Sie in der Eröffnungsphase Hunger bekommen. Kekse, Rosinen und Traubenzucker sind ideal.
- Erinnern Sie Ihre Begleitperson daran, sich ein Proviantpaket mitzunehmen.
- Wenn Sie während der Geburt zu müde werden, bekommen Sie vielleicht eine Infusion, um bei Kräften zu bleiben.

Stichwort... *Vitamin K*

Dieses Vitamin ist essenziell für die Blutgerinnung und damit im ganzen Leben wichtig, besonders aber bei der Vorbereitung auf die Geburt. Neugeborenen wird nach der Geburt routinemäßig eine größere Menge Vitamin K verabreicht, da eine Unterversorgung zu (Gehirn-) Blutungen führen kann.

Grüne Blattgemüse wie Brokkoli, Rosenkohl, Grünkohl und Spinat, Honigmelone, Blumenkohl, grüne Bohnen, angereicherte Frühstückszerialien, Vollkornbrot und Nudeln

Donnerstag	Freitag	Samstag	Sonntag
• Weizen-Frühstücksflocken mit getrockneten Aprikosen und Milch • Grapefruitsaft	• Haferflocken mit Milch • Melonen- und Mangowürfel	• *Erdbeer-Michshake* • Zerealien mit Milch	• Pfannkuchen mit Zitronensaft und Ahornsirup • Pfirsich
• *Bulgur-Kürbiskern-Salat* mit gebratenen Hähnchenbruststreifen • Griechischer Joghurt	• *Tofugemüse* • Knuspriges Brot • Pflaumen oder eine Scheibe Ananas	• *Pilzsuppe mit Walnüssen* • Körnerbrötchen • *Birnen-Ingwer-Tasche*	• *Wurstbrät in Ricotta-Teigmantel*, dazu gem. Salat • *1 Stück Schokoladenkuchen mit Pecannüssen*
• *Birnen-Walnuss-Salat* • Warmes Baguette • *Schokoladenpudding mit Datteln*, dazu Crème fraîche	• *Hähnchenbrust mit Cocktailtomaten* • *Aprikosen-Ingwer-Risotto* • *Obstsalat mit Erdbeeren, Birnen und Passionsfrucht*	• *Tomaten-Paprika-Auflauf in Blätterteig*, dazu Reis, Erbsen u. Brokkoli • *Aprikosendessert mit Baiser*	• *Rinderrouladen mit Gemüsezwiebel-Rosinen-Füllung*, dazu grüne Bohnen und Reis • *Papaya-Ananas-Spießchen vom Grill*

Snacks & Drinks

Wenn Sie keine ganze Mahlzeit schaffen, teilen Sie sie auf und essen nur ein, zwei kleine Portionen des Hauptgerichts mit einem Dessert oder später einen Snack.

Wenn Sie beim Schlafengehen oder nachts Hunger bekommen, probieren Sie einen der Snacks auf Seite 47.

Denken Sie daran, viel Wasser zu trinken, um Verstopfung vorzubeugen – wenigstens sechs bis acht große Gläser am Tag.

Trinken Sie weniger koffeinhaltige Getränke (Kaffee, Tee, Cola, heiße Schokolade), damit Sie besser schlafen können.

40+

40. Woche und darüber hinaus

Endlich ist das Baby da! Ihr Wohlergehen und das Ihres Babys hat weiterhin oberste Priorität. Alle Rezepte in diesem Menü-Plan sind rasch und einfach zubereitet und helfen Ihnen, in dieser betriebsamen Zeit bei Kräften zu bleiben.

Sie müssen weiterhin ausgewogen und gesund essen, um die Energie- und Nährstoffzufuhr zu bekommen, die Sie brauchen und die – wenn Sie stillen – für eine gute Muttermilch sorgen.

Was **Sie** brauchen

Studien zufolge benötigt eine stillende Mutter täglich 430 bis 570 Kalorien mehr an Energie, die der Körper zum Teil aus dem in der Schwangerschaft eingelagertem Fett bezieht. Regelmäßige Mahlzeiten und Snacks sind dennoch erforderlich. Auch müssen Sie weiterhin regelmäßig viel trinken, denn das unterstützt die Muttermilch-Produktion. Füttern Sie Fertigmilch, benötigen Sie nicht so viele Kalorien wie beim Stillen, aber dennoch eine abwechslungsreiche Kost, um die Schlafunterbrechungen besser wegzustecken und sich von der Geburt zu erholen.

Was **Ihr** Baby braucht

Ob Sie stillen oder nicht ist eine ganz persönliche Entscheidung, zu der Sie sich vielerorts Rat einholen können. Vom Nährwert her ist Stillen sehr gesund für das Baby. Die in der Muttermilch enthaltenen Antikörper helfen, das Neugeborene vor Infektionen zu schützen. Damit ist es weniger anfällig für Husten, Erkältung und Magenverstimmungen als ein Baby, das Fertigmilch bekommt. Wenn Sie in den ersten drei bis vier Monaten stillen, hält dieser Schutz bis zu einem Jahr an. Gestillte Babys leiden auch weniger häufig an Asthma, Ekzemen oder anderen allergischen Erkrankungen.

Es gibt Nahrungsmittel, die bei manchen Babys Koliken verursachen können. Weißkohl, Brokkoli, Blumenkohl, Zwiebeln, Knoblauch, Zitrusfrüchte, Weintrauben und Schokolade sind mögliche Übeltäter.

MENÜ-PLAN

	Montag	Dienstag	Mittwoch
Morgens	· *Aprikosen-Pfirsich-Powerpunch* · Rosinenbrötchen	· Müsli mit Aprikosen und Milch · Orangensaft	· Gegrilltes Baguette mit Frühstücksspeck und Tomaten · Grapefruitsaft
Mittags	· Körnerbrötchen mit Frischkäse und Romagna-Salat · Apfel oder Birne	· Gebackene Bohnen auf Toast · Joghurt mit Aprikosen · Pfannkuchen	· *Fenchel-Mandel-Suppe* · Brötchen mit Käse · Pfirsich
Abends	· *Fusilli mit Speck und Rukola* · Brunnenkresse-Salat · Passionsfrucht-Sorbet mit Ananas	· *Englisches Rinder-Stew mit Stout,* dazu neue Kartoffeln und Zucchini · *Panettone-Brot-Kuchen*	· *Klassische Paella* · Stachelbeeren mit Sahne · *Preiselbeer-Haferplätzchen*

Nach der Geburt möchten Sie bestimmt schnell wieder eine gute Figur machen. Doch seien Sie nicht unvernünftig: Sie müssen gut essen, um Ihren Energiebedarf zu decken.

Tipps für den Alltag ...

Zurück zur alten Figur

Vernünftig essen Eine ausgewogenen Kost mit viel Obst, Gemüse, magerem Fleisch, Geflügel, Fisch und Bohnen sowie Kohlenhydratespendern wie Brot und Pasta hilft Ihnen, überflüssige Pfunde loszuwerden.

Bewegung Machen Sie mit Ihrem Baby im Kinderwagen viele kurze Spaziergänge. Abgesehen von der Bewegung tut Ihnen beiden die frische Luft gut.

Keine Radikalkuren Lassen Sie sich nicht verleiten, eine Radikaldiät zu machen oder Schlankheitspillen zu nehmen. Solche Präparate erschweren langfristig die Gewichtsabnahme und machen sehr müde.

Falls Ihr Baby Zeichen von Unwohlsein zeigt und Sie eines dieser Nahrungsmittel gegessen haben, ersetzen Sie es durch ein anderes mit vergleichbarem Nährwert. Es ist äußerst wichtig, professionellen Rat einzuholen, bevor Sie bestimmte Nahrungsmittel ganz weglassen, denn anderenfalls können Ihrem Kind wie auch Ihnen lebensnotwendige Mineralien oder Vitamine fehlen.

Da Koffein Ihr Baby nervös machen kann, nehmen Sie möglichst wenig Tee, Kaffee oder Cola zu sich. Beim Genuss von Alkohol gelangen auch kleine Mengen in die Muttermilch und verändern sowohl ihren Geruch als auch den Geschmack. Weil sich das auf den Stillvorgang, die Verdauung und den Schlafrhythmus auswirkt, sollten Sie keinen Alkohol vor dem Stillen trinken und sich auch sonst auf ein Minimum beschränken.

Leiden Sie an einer Allergie?

Wenn Sie, Ihr Partner oder Ihre Kinder an Asthma, Ekzemen, Heuschnupfen oder einer Lebensmittelallergie leiden, reden Sie mit Ihrer Ärztin darüber. Vielleicht ist es ratsam, Ihr Baby erst später an bestimmte Nahrungsmittel wie z.B. Milch, Eier, Weizen, Zitrusfrüchte, Fisch, Nüsse oder Soja zu gewöhnen.

Manche stillenden Mütter streichen diese Nahrungsmittel ganz aus ihrem Speiseplan, weil sie hoffen, damit die Wahrscheinlichkeit einer Lebensmittelallergie bei ihrem Kind zu verringern. Tun Sie dies nicht, ohne mit Ihrer Ärztin oder Diätikerin gesprochen zu haben.

Donnerstag	Freitag	Samstag	Sonntag
· In Orangensaft eingeweichte Aprikosen mit griechischen Joghurt	· Kleieflocken mit Pfirsich und Milch · Fruchtjoghurt · Fruchtsaft	· *Mango-Papaya-Powerpunch*	· Waffeln mit Ahornsirup und Erdbeeren · *Melonen-Orangen-Saft*
· *Wurstbrät in Ricotta-Teigmantel,* dazu Brunnenkresse-Salat · *Orientalischer Krautsalat*	· Sandwich mit gekochtem Schinken · Brot mit *Avokado-Käse-Dip* · Apfel	· *Käseroulade* mit Salat und warmem Brot · Orange oder Banane	· Sandwich mit Salat und Hoummus · Quark mit Kiwi
· *Penne mit Lachs und Spargel* · Grüner Salat · *Papaya-Ananas-Spießchen vom Grill*	· *Chorizo-Pilz-Risotto* mit Möhren und grünen Bohnen · *Mango-Passionsfrucht-Sahnecreme*	· Fruchtsaft · *Lammkeule mit weißen Bohnen,* dazu gedünsteter Spinat · *Safran-Zitrone-Milchreis*	· *Rindergulasch* · Gebackene Kartoffeln, Erbsen und Möhren · *Birnen-Ingwer-Tasche*

Snacks & Drinks

Da Sie sich erschöpft fühlen werden, müssen Sie so regelmäßig und gesund essen, wie Sie können.

Greifen Sie jetzt auf die eingefrorenen Suppen und Snacks zurück.

Sollten Sie sich müde fühlen oder kein Lust zum Kochen haben, dann machen Sie sich einen der auf den Seiten 79 bis 83 vorgestellten Drinks.

Trinken Sie während der Stillzeit viel Wasser.

Das Füttern Ihres Babys kann einige Zeit beanspruchen, stellen Sie sich deshalb ein Getränk und Trockenfrüchte in Reichweite.

Rezepte

SCHNELLE KÜCHE

Suppen · Dips und Pasten · Pizza und deftiges Gebäck

Pasta, Reis & Co. · Fruchtige Drinks

Suppen

Suppeneinlagen selbst gemacht

Eine gelungene Suppeneinlage ist nicht nur etwas für das Auge – sie bringt auch zusätzliche Nährstoffe. Mit diesen Rezepten gelingen Ihnen Croutons, die fettärmer und wohlschmeckender sind als Fertigprodukte. Am besten bereitet man sie frisch zu, sie halten sich jedoch auch in einer Plastikbox ein bis zwei Tage im Kühlschrank.

Polenta-Croutons

Fertigpolenta in 1 cm große Würfel schneiden und in 1 bis 2 EL heißem Rapsöl rösten und leicht anbräunen. Auf Küchenpapier abtropfen lassen und mit schwarzem Pfeffer und getrockneten Kräutern würzen.

Knoblauch-Polenta-Croutons

1 bis 2 EL Rapsöl in der Pfanne erhitzen. 2 Knoblauchzehen zerdrücken und dazugeben. Fertigpolenta in 1 cm große Würfel schneiden und darin rösten, bis sie anbräunen. Vor dem Servieren auf Küchenpapier abtropfen lassen.

Gebackene Focaccia-Croutons

Focaccia (Fladenbrot mit Olivenöl) mit oder ohne Kräuter in mundgerechte Stückchen schneiden. Auf dem Backblech ausbreiten und 15 bis 20 Minuten bei 160 °C braun und knusprig backen.

Croutons mit Walnussöl

Abgelagertes Brot nach Wahl in Würfel schneiden. Auf ein Backblech legen und 15 bis 20 Minuten bei 160 °C braun und knusprig backen. Aus dem Ofen nehmen und etwas Walnussöl darüberträufeln.

Gesund garnieren

Der übliche Klecks Sahne belebt zwar die Suppe, belastet aber mit unnötigen Kalorien. Um mehr Geschmack, Nährstoffe und Farbe ins Spiel zu bringen, sollten Sie auch mal eine der folgenden Alternativen versuchen:

Frischer gehackter Schnittlauch
Geriebene Muskatnuss
Paprika
Fettarme Crème fraîche
Pfefferminze oder Basilikum, frisch gehackt
Geröstete Mandelsplitter
Pinienkerne
Feine Pepperonistreifen
Geröstete Zwiebelringe

Pikante marokkanische Suppe

Das süßlich-pikante Aroma dieser Suppe ist ein Merkmal der nordafrikanischen Küche. Reichen Sie nur knuspriges Brot dazu und schon haben Sie eine sättigende, nahrhafte Mahlzeit.

Vorbereitung: **15 Minuten** (V)
Zubereitung: **25–30 Minuten**
Portionen: **4**

Enthält **Kalzium, Ballaststoffe, Eisen, Magnesium, Eiweiß** sowie **Vitamin B** und **C**

1 EL Olivenöl
2 Zwiebeln, geschält und fein gewürfelt
3 Knoblauchzehen, geschält und zerdrückt
1 TL gemahlener Kreuzkümmel
¼ TL Cayennepfeffer
1 TL Zimt
1 Dose Kichererbsen (240 g Abtropfgewicht)
10 getrocknete Aprikosen, gehackt
100 g Tiefkühlspinat, aufgetaut
Saft einer Zitrone
200 ml ungesüßter Orangensaft
500 ml Gemüsebrühe
Salz und schwarzer Pfeffer

■ Olivenöl in einem großen Topf erhitzen und Zwiebeln und Knoblauch darin 5 Minuten anbräunen.
■ Kreuzkümmel, Cayennepfeffer, Zimt und Kichererbsen hinzufügen und bei schwacher Hitze 2 bis 3 Minuten weiterbraten.
■ Aprikosen, Spinat, Zitronen- und Orangensaft sowie Gemüsebrühe zugeben und zum Kochen bringen. Gelegentlich umrühren. Im geschlossenen Topf 20 bis 25 Minuten köcheln lassen.
■ In einen Mixer geben und pürieren. Ist die Suppe zu dick, noch etwas Brühe oder kochendes Wasser zugeben. Die Suppe in einen Topf füllen und erhitzen. Vor dem Servieren mit Salz und schwarzem Pfeffer abschmecken.

Spinatsuppe mit Kreuzkümmel

Diese Suppe schmeckt ausgezeichnet und ist schnell zubereitet. Die Überraschung dieses Rezepts sind gemahlene Mandeln, mit denen die Suppe angedickt wird.

Vorbereitung: **5 Minuten** (V)
Zubereitung: **15–20 Minuten**
Portionen: **4**

Enthält **Beta-Karotin, Ballaststoffe, Folate, Eisen** und **Vitamin C**

1 EL Olivenöl
1 mittelgroße Zwiebel, geschält und grob gewürfelt
2 EL gemahlene Mandeln
1 TL gemahlener Kreuzkümmel
250 g frischer Spinat, gewaschen und abgetropft
300 ml Gemüsebrühe
Salz und schwarzer Pfeffer
1 EL Sahne und geriebene Muskatnuss zum Garnieren

■ Olivenöl in einem großen Topf erhitzen und die Zwiebel bei schwacher Hitze darin 2 bis 3 Minuten anbraten.
■ Mandeln und Kreuzkümmel einrühren und 1 Minute mitbraten.
■ Spinat zugeben und gut durchrühren. Gemüsebrühe zugießen und im geschlossenen Topf bei mittlerer Hitze 10 bis 15 Minuten kochen, bis der Spinat zusammenfällt. Gelegentlich umrühren.
■ In den Mixer geben und fein pürieren. Erscheint die Suppe zu dick, mehr Gemüsebrühe oder kochendes Wasser zugeben. Mit Salz und schwarzem Pfeffer abschmecken und mit einem Klecks Sahne und etwas geriebener Muskatnuss garniert servieren.

Pilzsuppe mit Walnüssen

Für diese kräftige Suppe wird eine Mischung aromatischer Pilze (Austernseitlinge, Shii-take und andere Zucht- oder Wildpilze) verwendet. Die Walnüsse geben ein herrliches Aroma.

Vorbereitung: **10–15 Minuten** (V)
Zubereitung: **35–40 Minuten**
Portionen: **4**

Enthält **Eisen** und **Selen**

1 EL Olivenöl
2 kleine Zwiebeln, grob gewürfelt
500 g gemischte Pilze, grob zerkleinert
50 g Walnüsse
1 EL Mehl
1 l Hühner- oder Gemüsebrühe
2–3 EL trockener Sherry
Muskatnuss
Salz und Pfeffer

■ Olivenöl in einem großen Topf erhitzen und die Zwiebeln im geschlossenen Topf bei schwacher Hitze 5 Minuten dünsten. Die Pilze zugeben und weitere 5 Minuten dünsten.
■ Walnüsse, Mehl und Brühe einrühren und unter ständigem Rühren zum Kochen bringen. Im geschlossenen Topf bei schwacher Hitze 20 bis 25 Minuten köcheln lassen.
■ Vom Herd nehmen, etwas abkühlen lassen, in den Mixer geben und pürieren. In einen sauberen Topf füllen, Sherry hinzufügen und kräftig mit Muskatnuss und schwarzem Pfeffer abschmecken, wenn nötig auch mit Salz.
■ Vor dem Servieren noch einmal aufkochen lassen, damit der Alkohol verdunstet und nur der Sherrygeschmack erhalten bleibt.

Fenchel-Mandel-Suppe

Diese leichte, kremige Suppe ist ideal, wenn Sie Lust auf eine kleine Mahlzeit mit mildem Geschmack haben. Fenchel ist zudem gut für die Verdauung und lindert Magenschmerzen.

Vorbereitung: **10 Minuten** (V)
Zubereitung: **35–40 Minuten**
Portionen: **4**

Enthält **Kalzium** und **Vitamin E**

1 EL Rapsöl
1 Zwiebel, geschält und grob gehackt
1 Fenchelknolle, grob gehackt
4 Selleriestangen, grob gehackt
2 TL gemahlene Fenchelsamen
100 g gemahlene Mandeln
700 ml Wasser
Salz und schwarzer Pfeffer
(Geröstete Mandeln)

- Rapsöl in einem großen Topf erhitzen. Zwiebel, Fenchel und Stangensellerie darin bei schwacher Hitze 10 Minuten andünsten.
- Fenchelsamen und Mandeln zugeben und weitere 1 bis 2 Minuten dünsten.
- Wasser dazugießen und zum Kochen bringen, dabei gelegentlich umrühren.
- Im geschlossenen Topf 30 Minuten köcheln lassen.
- In den Mixer geben und fein pürieren. In einen sauberen Topf umfüllen und erhitzen. Abschmecken und nach Belieben mit gerösteten Mandeln und frisch gemahlenem schwarzem Pfeffer garniert servieren.

Brokkoli-Pferfferminz-Suppe

Diese Suppe eignet sich sehr gut zum Einfrieren. Da Brokkoli ein wertvoller Nährstofflieferant ist (siehe S. 122), sollte diese Suppe einen festen Platz in Ihrem Speiseplan haben.

Vorbereitung: **10 Minuten** Ⓥ
Zubereitung: **30–35 Minuten**
Portionen: **4–6**

Enthält **Beta-Karotin, Kalzium, Folate, Eisen** und **Vitamin C**

2 EL Olivenöl
2 Zwiebeln, geschält und grob gehackt
750 g Brokkoli, grob zerkleinert
750 ml fettarme Milch
250 ml Wasser
1 Würfel Gemüsebrühe
5 große frische Pfefferminzblätter
Salz und schwarzer Pfeffer

■ Olivenöl in einem großen Topf erhitzen und die Zwiebeln im geschlossenen Topf bei schwacher Hitze 5 Minuten dünsten. Brokkoli zugeben und weitere 3 bis 5 Minuten dünsten.
■ Milch und Wasser dazugießen, zerkleinerten Brühwürfel und Pfefferminzblätter einstreuen. Unter ständigem Rühren langsam zum Kochen bringen und 20 bis 25 Minuten köcheln lassen, bis die Zwiebeln und der Brokkoli weich sind.
■ Vom Herd nehmen und im Mixer fein pürieren. In einen sauberen Topf geben, erhitzen und abschmecken. Mit Croutons nach Wahl (siehe S. 57) und frisch gemahlenem schwarzem Pfeffer garniert servieren.

Möhrensuppe mit Butternut Squash

Diese glatte, kremige Suppe ist einfach in der Zubereitung. Reste lassen sich prima einfrieren und dienen als schnelle Mahlzeit, wenn das Baby da ist.

Vorbereitung: **10 Minuten** Ⓥ
Zubereitung: **40–45 Minuten**
Portionen: **4–6**

Enthält **Beta-Karotin**

2 EL Olivenöl
1 Zwiebel, geschält und grob gehackt
6 große Möhren, geschält und geraspelt
1 kleiner oder 1/2 großer Kürbis (Butternut Squash), entkernt und grob zerkleinert
750 ml Gemüsebrühe
1/2 TL geriebene Muskatnuss
Salz und schwarzer Pfeffer
(150 ml Sahne)

■ Olivenöl in einem großen Topf erhitzen und die Zwiebel im geschlossenen Topf bei kleiner Hitze 5 Minuten dünsten.
■ Möhren und Butternut Squash zugeben, umrühren und im geschlossenen Topf bei schwacher Hitze 10 Minuten dünsten, gelegentlich umrühren.
■ Gemüsebrühe und Muskatnuss zugeben und zum Kochen bringen. Im geschlossenen Topf 25 bis 30 Minuten köcheln lassen, bis das Gemüse weich ist.
■ In den Mixer geben und fein pürieren. Mit Salz und schwarzem Pfeffer abschmecken. Zurück in den Topf geben und bei schwacher Hitze etwas Brühe oder kochendes Wasser zugeben, wenn die Suppe zu dick erscheint. Nach Belieben Sahne einrühren und vor dem Servieren 1 Minute erhitzen.

Tipp

Verwenden Sie statt Möhren zur Abwechlung Pastinaken. Wenn Sie es nussig mögen, können Sie auch 2 EL gemahlene Mandeln zu den Zwiebeln geben.

< Brokkoli-Pfefferminz-Suppe mit Focaccia-Croutons

Hühner-Graupen-Suppe mit Wurstbrätklößchen

Mit Gemüse, Hähnchen, Wurst und Graupen ist diese Suppe eine sättigende Mahlzeit, die sich besonders im Winter sehr gut zum Mitnehmen ins Büro eignet, aber auch zum Einfrieren, wenn Sie am Wochenende einen großen Topf voll kochen.

Vorbereitung: **20–25 Minuten**
Zubereitung Brühe: **2 ½ Stunden**
Zubereitung Suppe: **30 Minuten**
Portionen: **4**

Enthält **Ballaststoffe, Protein** und die **Vitamine B** und **C**

1½ l Wasser
2 große Hähnchenschenkel ohne Haut
2 Lorbeerblätter
6 Pfefferkörner
25 g Graupen
1 EL Rapsöl
1 Zwiebel, geschält und fein gehackt
200 g Pak Choi oder ein anderes Asia-Gemüse, gewaschen und in Streifen geschnitten
Paniermehl von 1 Scheibe trockenem Brot
100 g Wurstbrät
Geriebene Schale einer Zitrone
Salz und schwarzer Pfeffer

■ Wasser, Hähnchenschenkel, Lorbeerblätter und Pfefferkörner in einen großen Topf geben und zum Kochen bringen.
■ Im geschlossenen Topf bei schwacher Hitze 1 Stunde köcheln lassen. Schaum abschöpfen und die Graupen einstreuen. 1 bis 1½ Stunden weiterkochen, bis das Fleisch ganz weich ist und die Brühe einen kräftigen Geschmack hat. Hähnchenschenkel herausnehmen und abkühlen lassen. Lorbeerblätter und Pfefferkörner entfernen.
■ Rapsöl in einem sauberen großen Topf erhitzen und die Zwiebel bei schwacher Hitze 10 Minuten dünsten. In der Zwischenzeit Hähnchenfleisch von den Knochen ablösen und in Stücke schneiden.
■ Fleisch, Pak Choi und die Brühe (mit den Graupen) in den Topf geben und zum Kochen bringen. Mit Salz und Pfeffer abschmecken und auf kleiner Flamme köcheln lassen.
■ Währenddessen Paniermehl, Wurstbrät und geriebene Zitronenschale vermischen.
■ Mit nassen Händen 12 kleine Bällchen aus der Masse formen und in die Suppe geben. Noch 10 Minuten kochen und vor dem Servieren abschmecken.

Tipp

Die etwas zeitaufwendige Brühe können Sie einen Tag im Voraus zubereiten und im Kühl- oder Gefrierschrank lagern. Wenn Sie wenig Zeit haben, nehmen Sie fertige Hühnerbrühe und eine Hähnchenbrust statt der Hähnchenschenkel. Das klein geschnittene Fleisch geben Sie zu dem Gemüse und der Fertigbrühe in den Topf.

Dips und Pasten

Avocado-Käse-Dip

Dips sind eine praktische Lösung für kleine Zwischenmahlzeiten und können viele essenzielle Nährstoffe beinhalten. Da Avocados einen hohen Fettanteil haben, nehmen Sie für diesen Dip einen fettarmen Hartkäse. Der hohe Vitamin-E-Gehalt von Avocados wirkt sich positiv auf die Fruchtbarkeit aus, lassen Sie sich diesen Dip also schmecken, wenn Sie schwanger werden möchten.

Zubereitung: **5 Minuten** (V)
Portionen: **2**

Enthält **Kalzium** sowie **Vitamin** $\mathbf{B_2}$ und E

1 große Avocado
2 EL Zitronensaft
(½ TL Tabasco)
50 g fettarmer reifer Cheddar, fein gerieben
Salz und schwarzer Pfeffer

▪ Avocadofleisch mit einem Löffel aus der Schale nehmen und mit Zitronensaft (und Tabasco) zu einem Brei rühren. Geriebenen Käse untermischen und mit Salz und Pfeffer abschmecken.
▪ Sofort servieren und Brot nach Wahl dazu reichen.

Rote-Paprika-Paste

In diesem köstlichen vegetarischen Dip stecken viel Vitamin C und Beta-Karotin – zusammen mit knusprigem Brot und einem gemischten Salat eine wunderbare Mahlzeit.

Vorbereitung: **10 Minuten** (V)
Zubereitung: **35–40 Minuten**
Portionen: **4**

Enthält **Beta-Karotin, Kalzium** und **Vitamin C**

2 rote Paprikaschoten in groben Stücken
½ Gemüsezwiebel, geschält und grob gehackt
5 große frische Basilikumblätter, in Stücke gezupft
2 EL Olivenöl
1 Knoblauchzehe, geschält und grob gehackt
100 g Mascarpone
1 TL Tomatenmark
2 TL Zitronensaft
Schwarzer Pfeffer

■ Backofen auf 200 °C vorheizen.
■ Paprika und Zwiebel auf einem Rost ausbreiten, mit Öl beträufeln und 30 Minuten im Ofen rösten, bis die Paprikastücke weich sind.
■ Einige Minuten abkühlen lassen, mit den Basilikumblättern in den Mixer geben und leicht durchmischen. Die restlichen Zutaten hinzufügen und fein pürieren.
■ Die Paste in eine große Schüssel oder portionsweise in kleinere füllen und kalt stellen. Mit geröstetem Walnuss- oder Kerne-Brot und einem knackigen grünen Salat servieren.

Forellen-Ricotta-Paste

Diese leichte Paste ist etwas für Dill-Fans und eine gute Alternative, wenn Sie fettreichen Fisch in Ihren Speiseplan einbauen möchten.

Zubereitung: **5 Minuten**
Portionen: **2–3**

Enthält **Eiweiß** und **Omega-3-Fettsäuren**

150 g geräuchertes Forellenfilet
Saft und geriebene Schale einer Zitrone
100 g Ricotta
2 Stängel frischer Dill
Schwarzer Pfeffer

■ Zerdrücken Sie das Forellenfilet mit der Gabel in einer Schüssel und fügen Sie Saft und die geriebene Schale der Zitrone sowie den Ricotta hinzu. Gut vermischen.
■ Mit schwarzem Pfeffer abschmecken und den Dill mit der Küchenschere in die Paste schneiden, unterrühren und kalt stellen. Mit knusprigem Brot servieren.

Chili-Tomaten-Salsa

Ein fettarmer Dip, der rasch zubereitet ist und zum Naschen einlädt. Wenn Sie kein Chili mögen, lassen Sie es ruhig weg, denn ohne schmeckt die Salsa ebenso gut.

Zubereitung: **5 Minuten** (V)
Portionen: **4–6**

Enthält **Beta-Karotin, Ballaststoffe** und **Vitamin C**

200 g reife Cocktailtomaten
10 g frischer Koriander
1 Frühlingszwiebel, grob gehackt
(1 kleine rote Chili, halbiert und entkernt)
2 EL Tomatenpüree oder -mark
Schwarzer Pfeffer

■ Alle Zutaten in den Mixer geben und kurz zu einer groben Salsa verarbeiten.
■ Mit Brot nach Wahl servieren.

< Rote-Paprika-Paste

Mais-Salsa mit Cheddar und Stangensellerie-Würfeln

Mais-Salsa

Diese körnige Salsa eignet sich zum Dippen oder als Brotaufstrich. Paprika und Mais sind beide gute Vitamin-C-Quellen.

Vorbereitung: 10 Minuten (V)
Zubereitung: 10 Minuten
Portionen: 2–3

Enthält **Beta-Karotin, Ballaststoffe, Magnesium** und **Vitamin C**

1 frischer Maiskolben, geputzt
½ kleine rote Paprikaschote, sehr fein gehackt
2 Frühlingszwiebeln in dünnen Scheiben
1 TL Olivenöl
½ TL Paprika
1 EL frischer gehackter Koriander
Schwarzer Pfeffer

■ Den Maiskolben in kochendes Wasser legen und 10 Minuten garen. Abkühlen lassen. Die Körner vom Kolben lösen.
■ Die restlichen Zutaten mit den Maiskörnern in eine Schüssel geben und gut vermischen. Wer es feiner mag, kann die Masse im Mixer pürieren, sie darf jedoch nicht zu glatt werden. Die Salsa sollte immer noch Biss und eine körnige Konsistenz haben. Vor dem Servieren mit schwarzem Pfeffer abschmecken.

Tipp

Um die Maiskörner vom Kolben zu lösen, entfernen Sie zuerst mit der Spitze eines scharfen Messers eine „Zeile" Körner, dann die Übrigen Spalte für Spalte. So bleiben die Körner ganz. Wenn Sie Dosen- oder Tiefkühlmais verwenden, wird die Salsa feiner und eher wie ein Dip.

Pizza und deftiges Gebäck

Pizza mit Champignons, Spargel und Rukola

Vorbereitung: **10 Minuten** Ⓥ
Zubereitung: **10–12 Minuten**
Portionen: **2**

Enthält **Kalzium, Ballaststoffe, Folate, Eiweiß** und **Vitamin C**

2 EL Tomatenmark
1 Knoblauchzehe, zerdrückt
Pizzaboden mit 23 cm Durchmesser (Fertigprodukt oder aus Backmischung zubereitet)
50 g Champignons in Scheiben
6 Stangen Spargel
125 g Mozzarella in Scheiben
Schwarzer Pfeffer
25 g Rukola
Schwarze Oliven nach Belieben

■ Den Backofen auf 220 °C vorheizen.
■ Tomatenmark und Knoblauch auf dem Pizzaboden verteilen und mit Champignonscheiben und Spargel belegen. Käse darüberstreuen. Mit schwarzem Pfeffer würzen.
■ Die Pizza 10 bis 12 Minuten backen, bis der Rand goldbraun und der Käse gut verlaufen ist.
■ Rukola und Oliven darauf verteilen und sofort servieren.

Milch und Molkereiprodukte

Cheddar
Ricotta
Milch
Joghurt

Milch und Molkereiprodukte wie Käse und Joghurt enthalten das Schlüsselmineral für das Wachstum von Knochen und Zähnen: Kalzium. Für Frauen, die kein Fleisch essen, sind sie zugleich eine wichtige Eiweißquelle. Auf Seite 20 finden Sie mehr zum Thema Käse.

Cheddar In Sachen Kalzium der Schwangerschaftskäse Nummer eins. Die fettarmen Sorten enthalten sogar noch mehr als die mit vollem Fettgehalt. Außerdem versorgt uns Käse mit Phosphor – ein Nährstoff, auf den Ihr Baby angewiesen ist. Zwischendurch fettarmen Cheddar knabbern regt den Speichelfluss an und ist daher auch gesund für die Zähne.

Ricotta Dieser fettarme Käse (nur 11% Fett) enthält mehr Kalzium als Hüttenkäse und lässt sich sehr gut in Gerichten wie der Spinat-Ricotta-Quiche (siehe S. 91) verarbeiten. Lecker ist auch getoastetes Ciabatta-Brot mit Ricotta, Tomaten und Basilikumblättern belegt und mit Olivenöl beträufelt.

Milch Ob Voll- oder Magermilch, jede Milch ist reich an Kalzium, Riboflavin und Eiweiß. Sie sollte ein fester Bestandteil Ihres Speiseplans sein. Genießen Sie Milch einfach pur, mit Müsli oder als Bestandteil von Gerichten und Saucen.

Joghurt In der Schwangerschaft unverzichtbar, denn er liefert Kalzium und Phosphor für den Knochenaufbau des Babys sowie Vitamin-B_2 zum Energiegewinn aus der Nahrung. Ein 150 g Becher Joghurt enthält bis zu 200 mg Kalzium – ein Fünftel der in Deutschland empfohlenen Tagesdosis. Naturjoghurt ist vielseitig und für süße und pikante Gerichte geeignet. Bevorzugen Sie fettarme Sorten.

Pizza mit Lachs, Kapern und Crème fraîche

Gönnen Sie sich zur Abwechslung mal eine Pizza mit Lachs und Kapern, um den Omega-3-Fettsäuren-Speicher ordentlich aufzufüllen. Servieren Sie dazu einen frischen grünen Salat oder gedünsteten Brokkoli.

Vorbereitung: **5 Minuten**
Zubereitung: **10–12 Minuten**
Portionen: **2**

Enthält **Kalzium, Jod, Omega-3-Fettsäuren, Eiweiß, Vitamin C** und **D**

1 Dose gehackte Tomaten (410 g), abgetropft
1 Knoblauchzehe, geschält und zerdrückt
Pizzaboden mit 23 cm Durchmesser (Fertigprodukt oder aus Backmischung zubereitet)
2 EL fettreduzierte Crème fraîche (Crème légère)
100 g Lachsfilet ohne Haut, in Streifen geschnitten
2 TL Kapern
125 g Mozzarella in Scheiben
Schwarzer Pfeffer

- Backofen auf 220 °C vorheizen.
- Tomaten und Knoblauch auf dem Pizzaboden verteilen. Crème légère löffelweise darübergeben und anschließend zunächst mit Lachs, dann mit Kapern und Mozzarella-Scheiben belegen. Mit schwarzem Pfeffer würzen.
- Die Pizza 10 bis 12 Minuten backen, bis der Rand goldbraun und der Käse gut verlaufen ist. Sofort servieren.

Pizza mit Ingwer und Hühnchen

Wenn Sie Ihre Geschmacksknospen verwöhnen oder die Übelkeit in Schach halten wollen, ist Ingwer genau das Richtige. Reichen Sie zu dieser Pizza einen Birnen-Walnuss-Salat (siehe S. 116) und frisch gebackenes Ciabatta-Brot.

Vorbereitung: **10 Minuten**
Zubereitung: **10–12 Minuten**
Portionen: **2**

Enthält **Kalzium, Eiweiß** und **Vitamin C**

2 EL Tomatenmark
1 Knoblauchzehe, geschält und zerdrückt
Pizzaboden mit 23 cm Durchmesser (Fertigprodukt oder aus Backmischung zubereitet)
1 gebratenes Hähnchenbrustfilet, in Streifen geschnitten
10 Cocktailtomaten, halbiert
2,5 cm von einer frischen Ingwerwurzel, fein gerieben
125 g Mozzarella in Scheiben
Schwarzer Pfeffer

- Backofen auf 220 °C vorheizen.
- Tomatenmark und Knoblauch auf dem Pizzaboden verteilen. Hähnchenfleisch und Tomaten darauf arrangieren und mit geriebenem Ingwer bestreuen. Mit Mozzarella-Scheiben belegen und mit schwarzem Pfeffer würzen.
- Die Pizza 10 bis 12 Minuten backen, bis der Rand goldbraun und der Käse gut verlaufen ist. Sofort servieren.

Wurstbrät in Ricotta-Teigmantel

Pastetchen einmal anders. Bereiten Sie doch gleich ein paar Portionen mehr zum Einfrieren zu, damit Sie immer ein schnelles Mittagessen auf Vorrat haben oder einen Pausensnack für das Büro.

Vorbereitung: **25 Minuten**
Zubereitung: **20–25 Minuten**
Ergibt **10 Pasteten**

Enthält **Kalzium, Eiweiß** und **Vitamin B_1** und **C**

Für den Ricotta-Teig
200 g Weizenmehl
50 g Sonnenblumenmargarine
1 EL Oliven- oder Rapsöl
100 g Ricotta
3–4 EL Wasser
1 verquirltes Ei zum Bestreichen

Für die Füllung
1 EL Oliven- oder Rapsöl
1 kleine Zwiebel, geschält und fein gehackt
1 Selleriestange, fein gehackt
1 Kochapfel, geschält und Kerngehäuse entfernt
200 g Wurstbrät von fettarmen Würstchen
1 TL getrockneter Thymian

- Backofen auf 190 °C vorheizen.
- Mehl in eine Schüssel sieben und Margarine einarbeiten, bis eine feine krümelige Masse entsteht. Öl und Ricotta einrühren und so viel Wasser zugeben, dass ein glatter, geschmeidiger Teig entsteht. Teig in Frischhaltefolie einwickeln und in den Kühlschrank legen.
- Öl in einer Pfanne erhitzen und Zwiebel und Sellerie darin bei schwacher Hitze 4 bis 5 Minuten dünsten. Abkühlen lassen und mit Apfel, Wurstbrät und Thymian in den Mixer geben. Kurz vermischen.
- Den Teig ausrollen und 10 Kreise mit 10 bis 12 cm Durchmesser ausstechen. Die Ränder mit Wasser bepinseln und je einen Esslöffel Füllung in die Mitte setzen. Zu einem Halbmond zusammenklappen und die Teigränder gut zusammendrücken.
- Die Pastetchen auf ein Backblech legen und mit dem verquirlten Ei bestreichen. In 20 bis 25 Minuten goldbraun backen und einen Salat dazu reichen, z.B. Zuckererbsen-Avocado-Salat (siehe S. 117).

Sardinen-Strudel

Tomaten-Paprika-Auflauf in Blätterteig

Klingt kompliziert, ist aber gar nicht schwer. Man kann ihn als Vorspeise oder als kleine leichte Hauptmahlzeit servieren. Rote Paprikaschoten und Tomaten enthalten viele Antioxidans-Vitamine.

Vorbereitung: **15 Minuten** (V)
Zubereitung: **20–25 Minuten**
Portionen: **4**

Enthält **Beta-Karotin** sowie **Vitamin C** und **E**

340 g Blätterteig (Tiefkühlkost)
2 EL Tomatenmark
½ große rote Paprikaschote, gewürfelt
10–15 Cocktailtomaten, halbiert
8 frische Basilikumblätter, grob zerkleinert
1 EL Olivenöl
Schwarzer Pfeffer
1 Eigelb zum Bestreichen

■ Backofen auf 220 °C vorheizen.
■ Den Teig zu einem Rechteck von ca. 30 x 23 cm Größe ausrollen. Vorsichtig auf ein mit Wasser abgespültes Backblech legen und ringsum 0,5 cm abschneiden (damit der Teig schön hochgeht). Vorsichtig ein Rechteck von ca. 27 x 20 cm Größe in den Teig ritzen.
■ Das Tomatenmark in diesem Rechteck verstreichen und mit Paprika und Tomaten belegen. Basilikum darüberstreuen, mit Öl beträufeln und mit schwarzem Pfeffer würzen.
■ Den Teigrand mit Eigelb bepinseln und das Ganze 20 bis 25 Minuten goldbraun backen. Mit einem Salat servieren.

Tipp

Garnieren Sie den Auflauf zur Abwechslung mit knackigen gerösteten Pinienkernen. So sorgen Sie auch für zusätzliche Nährstoffe.

Sardinen-Strudel

Sicher denken Sie bei Strudel sofort an Äpfel und Nüsse. Dies ist jedoch ein pikanter Strudel, der sogar denen schmeckt, die Fisch nicht so gern mögen. Sie können das Gericht auch mit einer anderen Fischsorte zubereiten, aber Sardinen aus der Dose sind nicht teuer und eine prima Eisen- und Kalzium-Quelle. Mit diesem Rezept, das für eine Portion berechnet ist, können Sie so viele Strudel backen wie Sie möchten.

Vorbereitung: **10 Minuten**
Zubereitung: **15–20 Minuten**
Portionen: **1**

Enthält **Kalzium, Jod, Eisen, Omega-3-Fettsäuren, Eiweiß** und **Vitamin A** und **D**

Für die Füllung

1 Platte Blätterteig (Tiefkühlkost)
1 EL Rapsöl, zusätzlich etwas zum Bestreichen
2 Ölsardinen, abgetropft
1 TL Zitronensaft
1 TL gehackter frischer Korianer
Geriebene Schale einer halben Zitrone
Schwarzer Pfeffer

■ Backofen auf 200 °C vorheizen.
■ Blätterteig auf eine saubere, trockene Arbeitsfläche legen, ausrollen, und mit Öl bepinseln. Die Sardinen darauf legen, mit Zitronensaft beträufeln, Koriander und geriebene Zitronenschale darüberstreuen und mit etwas schwarzem Pfeffer würzen.
■ Den Teig zusammenrollen und den Rand nach innen einschlagen. Den Strudel mit etwas Öl bepinseln und 15 Minuten goldbraun backen. Heiß servieren und einen knackigen Salat dazu reichen.

Pasta, Reis & Co.

Penne mit Lachs und Spargel

Wenn Sie ein pasteurisiertes Sauce Hollandaise-Fertigprodukt wählen, müssen Sie sich über die darin enthaltenen Eier keine Gedanken machen.

Zubereitung: **15–20 Minuten**
Portionen: **2**

Enthält **Folate, Omega-3-Fettsäuren, Eiweiß** und **Vitamin A, C** und **D**

200 g Penne
200 g Lachsfilet ohne Haut, gewürfelt
100 g Spargel in 2,5-cm-Stücken
Saft und geriebene Schale einer halben Zitrone
2 EL Sauce Hollandaise
Salz und schwarzer Pfeffer
Frischer Parmesan zum Garnieren

- Die Pasta kochen.
- In den letzten 4 Minuten der Kochzeit Lachs und Spargel im Dünsteinsatz über den Nudeln mitgaren.
- Zitronensaft, Schale und Sauce Hollandaise in einer Schüssel verrühren und mit schwarzem Pfeffer würzen. Pasta abtropfen lassen und mit der Sauce vermischen. Vorsichtig gekochten Lachs und Spargel unterheben. Abschmecken und vor dem Servieren mit Parmesanflöckchen bestreuen.

Thunfisch-Fenchel-Lasagne

Fischlasagne mal anders – der Fenchel verleiht ihr ein leichtes, aber unverwechselbares Aroma. Statt frischem Fenchel können Sie auch Stangensellerie und ½ TL zerdrückte Fenchelsamen nehmen. Servieren Sie die Lasagne mit knusprigem Brot und reifen Cocktailtomaten.

Vorbereitung: **15 Minuten**
Zubereitung: **35–40 Minuten**
Portionen: **3–4**

Enthält **Kalzium, Ballaststoffe, Eiweiß** und **Vitamin B_2**

3 Lorbeerblätter
3 kleine Stangen Lauch, halbiert
½ Fenchelknolle in Scheiben
500 ml fettarme Milch
25 g Sonnenblumenmargarine
25 g Mehl
200 g Thunfisch aus der Dose (in Lake oder Wasser), abgetropft
Öl oder Butter zum Einfetten
6 Platten Lasagne
25 g Cheddar, gerieben
Salz und schwarzer Pfeffer

■ Backofen auf 180 °C vorheizen.
■ Lorbeerblätter, Lauch und Fenchel in einen kleinen Topf geben, Milch dazugießen und 10 Minuten sanft erhitzen.
■ Lauch und Fenchel herausnehmen und zur Seite legen. Lorbeerblätter entfernen. Milch in eine Kanne gießen.
■ Margarine in dem ausgespülten Topf schmelzen und bei schwacher Hitze das Mehl mit dem Schneebesen einrühren. Unter ständigem Rühren langsam die warme Milch zugeben. Zum Kochen bringen und eindicken lassen. Mit Salz und schwarzem Pfeffer abschmecken.
■ Eine Auflaufform (ca. 15 x 22 cm) einfetten und die Hälfte des Gemüses hineinfüllen. 100 g Thunfisch darauf verteilen. Mit drei Lasagneblättern bedecken und mit der Hälfte der Sauce übergießen. Schichtweise das restliche Gemüse, den Thunfisch und die Lasagneblätter dazugeben und mit der restlichen Sauce übergießen.
■ Mit geriebenem Käse bestreuen und 35 bis 40 Minuten goldbraun backen.

< Thunfisch-Fenchel-Lasagne

Tipp

Wenn Sie frische Pasta verwenden, beträgt die Backzeit nur 20 bis 25 Minuten.

Pasta mit Tomaten-Mascarpone-Sauce

Es gibt kaum ein fixeres Gericht als dieses. Wenn Sie einen frischen Blattsalat oder Rotkohlsalat (siehe S. 113) dazu reichen, haben Sie das reinste Schnellgericht.

Vorbereitung: **5 Minuten** (V)
Zubereitung: **10 Minuten**
Portionen: **2**

Enthält **Kalzium** und **Vitamin B** und **C**

250 g frische Pasta nach Wahl
125 g Mascarpone
10 sonnengetrocknete Tomaten in Öl, abgetropft und gehackt
5 große frische Basilikumblätter, grob zerkleinert
1 TL rotes Pesto
Schwarzer Pfeffer

■ Pasta nach Packungsanweisung kochen.
■ Die restlichen Zutaten in einem kleinen Topf vermischen und sanft erhitzen.
■ Die gekochten Nudeln abgießen und wieder in den Topf geben. Die Sauce darüberschütten und gut durchrühren. Sofort servieren.

Tipp

Für eine Sauce aus frischen Tomaten brauchen Sie 3 bis 4 Tomaten: würfeln und 5 bis 6 Minuten sanft köcheln lassen, bis sie weich sind. Dann Mascarpone und Basilikumblätter unterrühren.

Bandnudeln mit Rosmarin, geräuchertem Schinken und Avocado

Dieses Gericht ist schnell zubereitet und ein Fest der subtilen Aromen. Geräucherter Schinken und Rosmarin passen hervorragend zu der reichhaltigen Avocado.

Vorbereitung: **10 Minuten**
Zubereitung: **10–15 Minuten**
Portionen: **2**

Enthält **Eiweiß** sowie **Vitamin B** und **E**

200 g Bandnudeln, Tagliatelle oder Spaghetti
1 TL Olivenöl
2 Schalotten, geschält und fein gewürfelt
1 TL frischer Rosmarin, fein gehackt
100 g geräucherter Schinken, in schmale Streifen geschnitten
1 Avocado, gewürfelt
Geriebene Schale einer halben Zitrone
2 EL fettreduzierte Crème fraîche (Crème légère)

■ Die Pasta nach Packungsanweisung kochen und gut abtropfen lassen.
■ Olivenöl in einer kleinen Pfanne erhitzen und die Schalotten darin 5 Minuten dünsten. Rosmarin unterrühren und weitere 1 bis 2 Minuten dünsten.
■ Die restlichen Zutaten dazugeben, sanft erhitzen und die Pasta unterrühren. Sofort servieren.

Bandnudeln mit Rosmarin, geräuchertem Schinken und Avocado

Fusilli mit Speck und Rukola

Der kräftige Geschmack von Rukola und Speck wird hier mit reichhaltiger Crème fraîche abgerundet. Wenn Sie keine Fusilli finden (Spiralnudeln), geht es ebenso gut mit Tagliatelle oder Spaghetti.

Vorbereitung: **5 Minuten**
Zubereitung: **15 Minuten**
Portionen: **2**

Enthält **B-Vitamine** und **Eiweiß**

200 g Fusilli
1 EL Olivenöl
8 junge Champignons in Scheiben
2 Streifen Speck, in Würfel geschnitten
25 g Rukola, gewaschen und abgetropft
2 EL fettreduzierte Crème fraîche (Crème légère)
Salz und schwarzer Pfeffer
Geriebener Parmesan und Cocktailtomaten zum Garnieren

■ Die Pasta nach Packungsanweisung kochen.
■ Olivenöl in einem großen Topf erhitzen, Champignons und Speck darin bei schwacher Hitze 5 bis 7 Minuten weich dünsten.
■ Rukola zugeben und vorsichtig rühren, bis er zusammenfällt. Crème légère einrühren und mit Salz und schwarzem Pfeffer abschmecken.
■ Gekochte Pasta abtropfen, zur Sauce geben und das Ganze gut durchrühren. Mit Parmesan und Cocktailtomaten garniert servieren.

Aprikosen-Ingwer-Risotto

Aprikosen-Ingwer-Risotto

Dieses einfache Gericht enthält süße getrocknete Aprikosen mit viel Kalzium. Ingwer hilft gegen Übelkeit und die Wacholderbeeren geben ein wunderbares Aroma. Wenn Sie gegrilltes Hähnchenfleisch oder Fisch dazu reichen, ergänzen Sie das Risotto zur vollwertigen Mahlzeit.

Vorbereitung: **5 Minuten** (V)
Zubereitung: **20 Minuten**
Portionen: **2–3**

Enthält **Beta-Karotin, B-Vitamine, Kalzium** und **Ballaststoffe**

1 EL Olivenöl
1 Gemüsezwiebel, geschält und grob gehackt
2,5 cm von einer frischen Ingwerwurzel, gerieben
10 Wacholderbeeren, zerdrückt
1 TL getrockneter oder frischer Thymian
200 g Basmati-Reis, gewaschen und abgetropft
10 getrocknete Aprikosen, halbiert
300 ml Gemüsebrühe
Frische Petersilie zum Garnieren

- Olivenöl in einem großenTopf erhitzen und Zwiebel darin 2 bis 3 Minuten anbraten. Ingwer, Wacholderbeeren und Thymian einrühren. Reis, Aprikosen und Gemüsebrühe dazugeben.
- Im geschlossenen Topf zum Kochen bringen und 15 bis 20 Minuten köcheln lassen, bis der Reis gar ist.
- Mit gehackter Petersilie garnieren und sofort servieren.

Cashew-Zucchini-Risotto

Dies ist ein wirklich einfacher und schneller Risotto. Cashewnüsse enthalten weniger Fett als die meisten anderen Nüsse und sind zudem süßer.

Vorbereitung: **10 Minuten** (V)
Zubereitung: **20–25 Minuten**
Portionen: **2**

Enthält **Ballaststoffe, Eiweiß, Vitamin C** und **E** sowie **Zink**

1 EL Olivenöl
1 Zwiebel, geschält und fein gehackt
2 Selleriestangen, in dünne Scheiben geschnitten
1 Zucchini, fein gewürfelt
200 g Reis
2 TL gemahlener Koriander
500 ml Gemüsebrühe
150 g Cashewnüsse
2 EL Frische Blattpetersilie
Salz und schwarzer Pfeffer

- Olivenöl in einem großen Topf erhitzen und Zwiebeln und Stangensellerie darin bei schwacher Hitze 10 Minuten dünsten.
- Zucchini, Reis und Koriander zugeben und weitere 1 bis 2 Minuten braten. Brühe dazugießen und umrühren. Im geschlossenen Topf 20 Minuten köcheln lassen.
- In der Zwischenzeit Cashewnüsse bei mittlerer Hitze 2 bis 3 Minuten rösten. Achtung: Die Nüsse verbrennen wegen ihres hohen Fettgehalts sehr leicht.
- Wenn der Reis gar ist, gehackte Petersilie und Cashewnüsse unterrühren, abschmecken und sofort servieren.

Brot, Zerealien und Kartoffeln

Brot
Frühstücks-
zerealien
Kartoffeln

Die Grundlage jeder Mahlzeit sollten kohlenhydratreiche Nahrungsmittel wie Brot, Zerealien, Kartoffeln, Pasta und Reis sein. Besonders Vollkornprodukte versorgen zuverlässig mit Energie und sind oft reich an B-Vitaminen und Ballaststoffen.

Brot Brot enthält nicht nur Kohlenhydrate in Form von Stärke, sondern auch B-Vitamine, die der Körper braucht, um Energie aus der Nahrung zu gewinnen. Vollkornbrot beinhaltet mehr Folate und Ballaststoffe als Brot aus Weißmehl. Essen Sie viele verschiedene Brotsorten, um sich mit Energie und Mikronährstoffen zu versorgen. Wenn Sie Mehrkornbrot oder Brot mit Kernen nehmen, bekommen Sie eine Extra-Portion Vitamin E, Zink, Selen und Magnesium.

Frühstückszerealien Wie in Studien bewiesen wurde, haben Menschen, die Cornflakes und Müsli essen, mehr Nährstoffe im Blut als andere. Das liegt daran, dass viele Frühstückszerealien mit Vitaminen und Mineralien angereichert sind, auch mit der für Schwangere so wichtigen Folsäure. Daher sind sie nicht nur ein gutes Frühstück, sondern ein idealer Snack zu jeder Tageszeit.

Kartoffeln Im Unterschied zu Pasta und Reis enthalten Kartoffeln auch Vitamin C, besonders neue Kartoffen, die man am besten so frisch wie möglich isst. Da viele Nährstoffe dicht unter der Schale sitzen, schält man Kartoffeln sehr sparsam oder reinigt sie gründlich und isst die Schale mit. Probieren Sie zur Abwechslung auch einmal Süßkartoffeln, die Sie zusätzlich mit Beta-Karotin versorgen.

Chorizo-Pilz-Risotto

Dieses unkomplizierte Rezept vereint einfache Zutaten zu einem appetitlichen Risotto. Die Chorizo-Knoblauchwurst sollte in mindestens 2 cm dicke Scheiben geschnitten sein. Verwenden Sie Pilze Ihrer Wahl.

Vorbereitung: **10 Minuten**
Zubereitung: **25 Minuten**
Portionen: **2**

Enthält **B-Vitamine, Eisen** und **Eiweiß**

1 große Zwiebel, geschält und grob gehackt
4 dicke Scheiben Chorizo, gewürfelt
150 g Pilze, in Scheiben geschnitten
150 g Reis
400 ml Gemüsebrühe
Geriebener frischer Parmesan zum Garnieren

- Zwiebel und Chorizo in einen großen Topf geben und die Wurststückchen bei kleiner Hitze auslassen. Dann bei größerer Hitze weiterbraten, bis die Zwiebel leicht gebräunt ist.
- Pilze unterrühren und weitere 2 Minuten braten. Reis und Brühe zugeben, gut durchrühren. Im geschlossenen Topf zum Kochen bringen und 20 bis 25 Minuten köcheln lassen, bis der Reis gar ist.
- Mit Parmesanflöckchen garniert servieren und einen Spinatsalat dazu reichen.

Tipp

Diesen Risotto können Sie nach Belieben mit weiteren Zutaten variieren, z.B. mit gehackter Paprika, entsteinten Oliven, Spinat oder Kichererbsen.

Schnittlauch-Couscous

Der Schnittlauch setzt eine pikante Note, doch auch andere frische Kräuter oder Salatzutaten sind geeignet. Couscous ist eine einfache Beilage zu vegetarischen, aber auch Fleisch- und Fischgerichten und schmeckt besonders gut in Eintopfgerichten.

Vorbereitung: **5 Minuten** (V)
Zubereitung: **10 Minuten**
Portionen: **4**

Enthält **Eiweiß** und **Vitamin** B_1

500 ml Wasser
(1 EL Olivenöl)
½ Würfel Hühner- oder Gemüsebrühe
280 g Couscous
3 EL gehackter frischer Schnittlauch
Schwarzer Pfeffer

■ ½ Brühwürfel (und Olivenöl) in einen Topf mit kochendem Wasser geben und auflösen.
■ Couscous hineinschütten, kurz umrühren und 10 Minuten quellen lassen.
■ Schnittlauch und Pfeffer einrühren und den Couscous mit der Gabel auflockern. Sofort servieren.

Tipp

Mit gekochten grünen Bohnen und gewürfelten Tomaten wird aus dem Couscous eine gehaltvollere Mahlzeit. Und mit Sonnenblumenkernen, gerösteten Pinienkernen oder Mandeln wird er knackiger.

Chinesischer Gemüsereis

Gemüsereis ist schnell zubereitet und eine gute Gelegenheit, Reste aus dem Kühlschrank zu verwerten. Die Zutaten kommen erst in den Wok, wenn alles vorbereitet ist, um die Garzeit nicht unnötig zu verlängern. Eine einfache, leckere Beilage zu vielen Gerichten.

Vorbereitung: **10 Minuten** (V)
Zubereitung: **5–8 Minuten**
Portionen: **2**

Enthält **Beta-Karotin** und **Vitamin C**

2 EL Rapsöl
2 Frühlingszwiebeln in 2-cm-Stücken
2 Selleriestangen, in dünne Scheiben geschnitten
150 g Pak Choi oder ein anderes Asia-Gemüse, in feine Streifen geschnitten
2 Knoblauchzehen, geschält und zerdrückt
2,5 cm von einer frischen Ingwerwurzel, gerieben
½ rote Paprikaschote in feinen Streifen
200 g gekochter Reis
2 EL natriumarme Sojasauce

■ 1 EL Rapsöl im Wok erhitzen und darin unter ständigem Rühren Frühlingszwiebeln, Stangensellerie und Pak Choi garen.
■ Knoblauch, Ingwer und rote Paprika dazugeben und 1 Minute weitergaren, dann restliches Öl und Reis hinzufügen und auf großer Flamme unter ständigem Rühren 1 bis 2 Minuten garen.
■ Sojasauce darüberträufeln und sofort servieren.

Tipp

Um den Gemüsereis nahrhafter zu machen, können Sie einige Cashewnüsse dazugeben. Auch Bambussprossen sind mit ihrem unverwechselbaren Geschmack eine Bereicherung.

Paella

Aus den zahlreichen Fleisch- und Fischsorten, die sich für Paella eignen, wurden hier Tintenfisch und Garnelen ausgewählt. Traditionell wird die Paella beim Kochen nicht gerührt, damit die Reiskörner ganz bleiben – die Pfanne wird nur leicht geschüttelt, damit nichts anklebt.

Vorbereitung: **20 Minuten**
Zubereitung: **25–30 Minuten**
Portionen: **4**

Enthält **Ballaststoffe, Jod, Eiweiß** und **Vitamin C**

1 EL Olivenöl
1 Zwiebel, geschält und grob gehackt
1 Knoblauchzehe, geschält und zerdrückt
250 g Hähnchenbrustfilet, fein gewürfelt
1 rote Paprikaschote in Streifen
2 große Tomaten, geschält und gehackt
½ TL gemahlener Safran
1 TL Paprika
200 g Reis
450 ml Hühnerbrühe
100 g Tintenfisch in Stückchen
100 g Tiefkühl-Garnelen, aufgetaut
150 g Tiefkühl-Erbsen (Petits Pois)

■ Olivenöl in einer Paella-Pfanne oder einer großen, niedrigen Bratpfanne erhitzen. Die Zwiebel darin bei schwacher Hitze 5 Minuten dünsten, dann Knoblauch und Hähnchenfleisch zugeben. Bei schwacher Hitze 10 Minuten weiterdünsten.

■ Paprika und Tomaten hinzufügen. Gut durchrühren und Safran, Paprika und Reis zugeben. 1 bis 2 Minuten unter ständigem Rühren kochen, dann die Hühnerbrühe hineingießen. Noch einmal rühren und das Ganze bei schwacher Hitze 15 Minuten köcheln lassen.

■ Tintenfisch, Garnelen und Erbsen dazugeben und 5 bis 10 Minuten weiterkochen, bis der Reis gar ist. Falls nötig, etwas Wasser zugeben. Sofort servieren.

Fruchtige Drinks

Himbeer-Joghurt-Drink

Frische Himbeeren sind wunderbar für einen kremigen und kalziumreichen Joghurt-Drink geeignet. Wenn Ihnen die Körnchen nichts ausmachen, ist Abseihen nicht nötig – so bleiben Ihnen dann auch mehr Ballaststoffe erhalten.

Zubereitung: **5 Minuten** Ⓥ
Portionen: **1**

Enthält **Kalzium, Folate, Ribovlavin** sowie **Vitamin B** und **C**

100 g frische oder tiefgekühlte Himbeeren
2 EL Naturjoghurt
1 TL Honig
1 TL feiner Zucker
100 ml fettarme Milch

- Die Himbeeren im Mixer passieren und bei Bedarf durch ein Sieb streichen.
- Himbeerpüree mit den anderen Zutaten im Mixer glatt rühren. In ein Glas gießen und so rasch wie möglich trinken.

Melonen-Erdbeer-Drink

Ein schneller Frühstücksdrink und ein guter Start in den Tag.

Zubereitung: **5 Minuten** Ⓥ
Portionen: **1**

Enthält **Kalzium** sowie **Vitamin B** und **C**

½ Galia-Melone, gewürfelt
100 g Erdbeeren
½ Banane in Stücken
2 EL Naturjoghurt
½ TL feiner Zucker

■ Melone, Erdbeeren und Banane im Mixer passieren.
■ Joghurt und Zucker zugeben und gut vermischen. In ein Glas gießen und so rasch wie möglich trinken.

Bananen-Mandel-Drink

Dieser wunderbar wohltuende Drink weist den Hunger in seine Schranken. Die Kombination von Mandeln und Bananen ist ein Hit. Wenn Sie Mandeln nicht mögen, können Sie auch ½ TL Vanillearoma verwenden.

Zubereitung: **2 Minuten** Ⓥ
Portionen: **1**

Enthält **Kalzium, Ballaststoffe** und **Vitamin B_2**

1 kleine Banane in Stücken
125 ml fettarme Milch
1 TL feiner Zucker
1 EL Naturjoghurt
1 TL geriebene Mandeln, leicht geröstet
½ TL Mandelaroma

■ Alle Zutaten in den Mixer geben und glatt rühren.
■ In ein Glas gießen und so rasch wie möglich trinken.

Möhren-Apfel-Limonen-Saft

Obwohl ein süßes Getränk, schmeckt man den Limonensaft deutlich heraus: Zu jeder Tageszeit erfrischend und eine hervorragende Aufmunterung, wenn Sie von der Arbeit kommen. Sehr lecker und eine gute Methode, den Vitamin-C-Speicher aufzufüllen, wenn Sie keinen Hunger haben.

Zubereitung: **5 Minuten** Ⓥ
Portionen: **1–2**

Enthält **Beta-Karotin** und **Vitamin C**

2 Äpfel, in Stücke geschnitten
3 mittelgroße Möhren, geschält und in Stücke geschnitten
Saft einer Limone

■ Alle Zutaten in den Entsafter geben und verarbeiten.
■ Gut durchrühren, in ein Glas gießen und so rasch wie möglich trinken.

Birnen-Apfel-Weintrauben-Saft

Zubereitung: **5 Minuten** Ⓥ
Portionen: **1–2**

Enthält **Vitamin C**

1 saftige Birne, in Stücke geschnitten
1 Apfel, in Stücke geschnitten
90 g kernlose weiße Trauben

■ Alle Zutaten in den Entsafter geben und verarbeiten.
■ Gut durchrühren, in ein Glas gießen und so rasch wie möglich trinken.

Melonen-Orangen-Saft

Probieren Sie diesen Saft in der Stillzeit aus. Der wunderbare Durstlöscher ist in den ersten Wochen nach der Geburt eine große Hilfe.

Zubereitung: **5 Minuten** Ⓥ
Portionen: **1**

Enthält **Beta-Karotin** und **Vitamin C**

½ Galia-Melone, gewürfelt
1 große saftige Orange, geschält und grob zerkleinert
Saft einer halben Limone
(Getrocknete Melonenkerne)

■ Melonen- und Orangenstücke, Limonensaft und Kerne in den Entsafter geben und verarbeiten.
■ Gut durchrühren, in ein Glas gießen und so rasch wie möglich trinken.

< Melonen-Erdbeer-Drink, Birnen-Apfel-Weintrauben-Saft, Möhren-Apfel-Limonen-Saft

Aprikosen
Äpfel
Avocados
Bananen
Johannisbeeren
Mangos
Orangen
Pflaumen

Obst

Essen Sie täglich wenigstens drei Portionen Obst: Zum Frühstück oder zwischendurch, als Saft oder Dessert – und greifen Sie im Sinne der Nährstoffvielfalt immer wieder zu anderen Sorten. Einige der folgenden Früchte sollten Sie bei Ihrer Schwangerschaft auf jeden Fall begleiten.

Äpfel enthalten lösliche Faserstoffe und Pektin, das zu einem ausgeglichenen Blutzuckerspiegel beiträgt. Sie sind kalorienarm und ideal für zwischendurch, denn sie verderben Ihnen nicht den Appetit auf die Hauptmahlzeit.

Aprikosen sind reich an Kalium, das hilft, den Blutdruck stabil zu halten, und liefern zudem Beta-Karotin, Kupfer, Eisen und Ballaststoffe. Sie sind sehr vielseitig. Schnibbeln Sie Aprikosen auf Ihr Müsli, knabbern Sie welche auf der Arbeit oder trinken Sie einen Aprikosen-Pfirsich-Powerpunsch (siehe S. 83).

Avocados sind mit ihrem hohen Vitamin-E-Gehalt wertvoll für die männliche Fruchtbarkeit und dank ihrer Beta-Karotine, Ballaststoffe und Folsäure auch sehr gesund für schwangere Frauen.

Bananen haben mehr Vitamin C als Äpfel. Zudem wird der Zucker reifer Bananen schnell vom Blut aufgenommen und bringt Ihnen einen unmittelbaren Energieschub. Greifen Sie zwischendurch einmal zur Banane oder verarbeiten Sie sie in Shakes oder Gebäck.

Schwarze Johannisbeeren zählen zu den besten Vitamin-C-Quellen und liefern außerdem Bioflavonoide, die zu den sekundären Pflanzenstoffen gehören. Eine Portion Kompott aus schwarzen Johannisbeeren enthält ca. 160 mg Vitamin C – weit mehr als die empfohlene Tagesmenge. Obschon ein wenig sauer, lässt sich mit ein wenig Zucker eine wunderbare Sauce daraus zaubern – zu nahrhaftem Fisch wie z.B. Makrele oder zu einem sahnigen Pudding.

Mangos enthalten sowohl Ballaststoffe und Kalium als auch Beta-Karotin und Vitamin C. Ein leckerer Obstsalat aus Mangowürfeln, Passionsfrucht und Papaya oder Ananas ist rasch zubereitet. Probieren Sie auch einmal Grillspießchen mit Mangostücken und Hähnchenfleisch, eine erfrischende und nahrhafte Mahlzeit.

Orangen versorgen uns mit Folaten, Kalium, löslichen Faserstoffen und Vitamin C. Wenn Sie viele Orangen essen, halten Sie Ihr Zahnfleisch gesund und beugen Infektionen vor. Orangensaft ist eine Vitamin-C-Spritze in konzentrierter Form. Kumquats gehören zu derselben Fruchtfamilie wie Orangen und bergen in ihrer essbaren Schale wertvolle sekundäre Pflanzenstoffe.

Pflaumen enthalten Eisen und Kalium. Weil in ihnen lösliche Faserstoffe und Sorbitol stecken, wirkt der regelmäßige Verzehr von Pflaumen vorbeugend gegen Verstopfung – besonders nützlich gegen Ende der Schwangerschaft, wenn das Gewicht des Babys die Darmtätigkeit beeinträchtigt. Versuchen Sie einmal den Winter-Obstsalat (siehe S. 125) oder die Hähnchen-Kasserole mit Pflaumen und Pinienkernen (siehe S. 104).

Erdbeer-Milchshake

Das perfekte schnelle Frühstück, wenn Sie nicht viel runterbekommen. Sie müssen den Drink nicht abseihen – ein paar zusätzliche Ballaststoffe können nicht schaden.

Zubereitung: **2 Minuten** Ⓥ
Portionen: **1**

Enthält **Kalzium, Ballaststoffe** sowie **Vitamin B_2** und **C**

100 g frische Erdbeeren
150 ml fettarme Milch
1 TL feiner Zucker

- Alle Zutaten in den Mixer geben und verquirlen.
- In ein Glas gießen und so rasch wie möglich trinken.

Mango-Papaya-Powerpunsch

Gönnen Sie sich diesen Punsch zum Frühstück oder wann immer Sie einen Energieschub brauchen.

Zubereitung: **5 Minuten** Ⓥ
Portionen: **1**

Enthält **Beta-Karotin** und **Vitamin C**

150 ml Apfelsaft, gekühlt
½ Papaya, gewürfelt
1 kleine Mango, gewürfelt

- Apfelsaft, Papaya- und Mangowürfel in den Mixer geben und glatt passieren.
- In ein Glas gießen und so schnell wie möglich trinken.

Aprikosen-Pfirsich-Powerpunsch

Ein köstlicher Start in den Tag, der Sie mit Kalzium, Ballaststoffen und Vitamin C versorgt. Wenn Sie Joghurt mit Körnern verwenden, bekommen Sie zusätzliche Ballaststoffe.

Zubereitung: **5 Minuten** Ⓥ
Portionen: **1**

Enthält **Kalzium, Ballaststoffe** und **Vitamin C**

2 EL Pfirsichjoghurt (mit Körnern, falls erhältlich)
4 getrocknete Aprikosen, zerkleinert
200 g Grapefruitstücke aus der Dose, abgetropft

- Alle Zutaten in den Mixer geben und so glatt wie möglich passieren.
- In ein Glas gießen und rasch trinken.

Mango-Papaya-Powerpunsch

HAUPTGERICHTE

Vegetarische Küche · Fisch · Fleisch und Geflügel

Vegetarische Küche

Paranuss-Burger

Dieses Rezept ist ganz einfach zuzubereiten und lässt sich mit immer wieder anderen Nuss- und Brotsorten vielfach variieren.

Vorbereitung: **5 Minuten** (V)
Zubereitung: **30 Minuten**
Ergibt **4 Burger**

Enthält **Kalzium, Ballaststoffe, Eisen, Eiweiß, Selen** und **Vitamin E**

100 g Paranüsse
2 große Frühlingszwiebeln
2 Scheiben Weißbrot
1 Ei, getrennt
1 rote Paprika, gewürfelt
Salz und schwarzer Pfeffer
Öl zum Einfetten

- Backofen auf 180 °C vorheizen.
- Paranüsse, Zwiebeln und Brot in den Mixer geben und vermischen. Eigelb zugeben und einarbeiten. Gewürfelte rote Paprika hinzufügen und gründlich mischen. Abschmecken. Wenn zum Binden der Masse mehr Flüssigkeit nötig ist, auch das Eiweiß hinzufügen.
- 4 gleich große Kugeln aus der Masse formen und zu Frikadellen von 1 bis 2 cm Dicke flachdrücken.
- Die Burger auf ein gefettetes Backblech legen und 25 bis 30 Minuten im Ofen braun und knusprig braten.
- Garniert mit etwas Tomatenketchup zwischen zwei Brötchenhälften servieren und einen Salat dazu reichen.

Tipp

Verwenden Sie statt Burger-Brötchen z. B. Ciabatta-Brötchen. Zuerst aufbacken, damit sie schön knusprig werden!

Käseroulade

Vorbereitung: **15 Minuten** (V)
Zubereitung: **25–30 Minuten**
Portionen: **2 (4 Vorspeisen)**

Enthält **Kalzium, Eiweiß** sowie **Vitamin A, B_2** und **C**

250 g Cocktailtomaten, halbiert
1 EL Olivenöl
4 große Eier
50 g Cheddar, gerieben
50 g gemahlene Mandeln
1 EL frischer geriebener Parmesan
1 EL gehackter frischer Schnittlauch
Salz und schwarzer Pfeffer

■ Backofen auf 220 °C vorheizen. Eine flache Backform von ca. 22 x 30 cm Größe mit Backpapier auslegen.
■ Tomaten in eine feuerfeste Form füllen, mit Olivenöl beträufeln und 20 bis 25 Minuten weich backen. 1 bis 2 Minuten abkühlen lassen und würzen.
■ Eier mit dem Schneebesen schaumig schlagen, geriebenen Cheddar und Mandeln unterheben und in die vorbereitete Form gießen. Etwa 15 Minuten im Ofen backen. Der Teig muss elastisch bleiben.
■ In der Zwischenzeit Pergamentpapier auf der Arbeitsfläche ausbreiten, mit Parmesan bestreuen und die Form mit dem gebackenen Eier-Teig darauf stürzen. Form abnehmen und den Teig 2 Minuten ruhen lassen, dann vorsichtig das Backpapier abziehen.
■ Die Tomaten gleichmäßig auf dem Teig verteilen und mit Schnittlauch bestreuen. Dabei an einer Seite einen Rand von 2 cm lassen. Die Roulade mit Hilfe des mit Parmesan bestreuten Pergamentpapiers zum freien Rand hin aufrollen und vorsichtig auf eine Servierplatte heben. Sofort servieren.

Crêpe mit Avocado und roter Paprika

Crêpe mit Avocado und roter Paprika

Dieses Gericht ist rasch zubereitet. Das Rezept ergibt etwa 8 bis 10 Crêpes, von denen Sie bei Bedarf auch welche einfrieren können. Dazu legen Sie Pergamentpapier zwischen die Crêpes und schlagen Sie in Alufolie ein.

Vorbereitung: **5 Minuten** (V)
Zubereitung: **10–15 Minuten**
Portionen: **2**

Enthält **Kalzium, Eiweiß** sowie **Vitamin B_1, C** und **E**

Für die Füllung
1 reife Avocado, geschält und gewürfelt
Saft einer Zitrone oder Limone
1 rote Paprika, geputzt und gehackt
100 g Feta (Schafskäse)
Schwarzer Pfeffer
Frische Kräuter nach Wahl

Für die Crêpes
50 g Weizenmehl
50 g Vollkorn- oder Buchweizenmehl
1 großes Ei
1 TL Olivenöl
300 ml fettarme Milch
Pflanzenöl für die Pfanne

■ Zuerst die Füllung vorbereiten: Avocadowürfel mit Zitronen- oder Limonensaft beträufeln und mit roter Paprika und Schafskäse vermischen. Mit schwarzem Pfeffer würzen und frische gehackte Kräuter nach Wahl dazugeben.
■ Alle Zutaten für den Crêpe-Teig im Mixer glattrühren oder in einer Schüssel zubereiten: Mehl, Ei und Olivenöl mit dem Schneebesen schlagen, dann unter ständigem Rühren langsam die Milch zugeben, bis ein glatter, flüssiger Teig entsteht.
■ Das Pflanzenöl in einer Pfanne mit 20 cm Durchmesser erhitzen und gerade so viel Teig hineingießen, dass der Boden bedeckt ist. Pfanne schwenken,

um den Teig gleichmäßig zu verteilen und Crêpe auf der Unterseite leicht anbräunen.

- Crêpe wenden und auf der anderen Seite backen.
- Aus der Pfanne nehmen und mit dem restlichen Teig ebenso verfahren. Die Crêpes auf einer vorgewärmten Platte warmhalten. Pergamentpapier dazwischenlegen, damit sie nicht zusammenkleben, und mit Alufolie abdecken.
- In die Mitte jeder Crêpe etwas von der Füllung geben, zusammenfalten und sofort servieren.

Tipp

Fast alles eignet sich als Füllung für Pfannkuchen oder Crêpes, so z. B. auch die Dips auf den Seiten 63 bis 66. Probieren Sie auch einmal folgende Alternative: 250 g Hüttenkäse gemischt mit 50 g gehackten Datteln und einer geriebenen Möhre. Fans der nahöstlichen Küche ergänzen noch 1 TL geröstete Kreuzkümmelkörner.

Marokkanische Kürbis-Kichererbsen-Taschen

Rosinen, Kreuzkümmel und Zimt geben Kichererbsen und Butternut Squash die besondere Würze, aber das überraschende an diesem Rezept ist die Marmelade. Mit ihrem Blätterteigmantel sehen diese Taschen nicht nur fantastisch aus – sie schmecken auch so.

Vorbereitung: **30 Minuten** (V)
Zubereitung: **15–20 Minuten**
Ergibt **8 Taschen**

Enthält **Beta-Karotin, Kalzium, Ballaststoffe, Eisen** und **Vitamin C**

350 g Kürbisfleisch (Butternut Squash), gewürfelt
1 EL Rapsöl, zusätzlich etwas zum Bestreichen
1 Zwiebel, geschält und grob gehackt
1 große Knoblauchzehe, geschält und zerdrückt
1 EL Rosinen
2 EL Kreuzkümmelkörner
1 große Prise Zimt
1 Dose Kichererbsen (410 g), gewaschen und abgetropft
2 EL Marmelade aus Zitrusfrüchten
200 g Blätterteig in 16 Quadraten
Mohn zum Garnieren

- Backofen auf 200 °C vorheizen und ein Backblech dünn einfetten.
- Butternut Squash im Dünsteinsatz über kochendem Wasser 15 bis 20 Minuten weich dünsten.
- Das Rapsöl in einem großen Topf erhitzen und Zwiebelwürfel mit Knoblauch darin 10 Minuten dünsten.
- Rosinen, Kreuzkümmel und Zimt unterrühren und 1 Minute weiterdünsten. Vom Herd nehmen, Kichererbsen und Marmelade dazugeben und gut durchrühren. Die Masse mit dem Löffel leicht zusammendrücken, bis einige Kichererbsen aufbrechen. Butternut Squash unterrühren und abkühlen lassen.
- Je zwei Blätterteig-Quadrate aufeinanderlegen und das obere dünn mit Sonnenblumenöl bepinseln. Einen gehäuften Esslöffel der Füllung in die Mitte geben und die Ecken hochklappen. Die Ränder fest zusammendrücken, um die Taschen zu schließen. Auf das Backblech legen und dünn mit Öl bestreichen. Etwas Mohn darüberstreuen.
- 15 bis 20 Minuten goldbraun backen. Heiß servieren und einen Salat nach Wahl dazu reichen.

Tofugemüse

Dieses Gericht ist unglaublich vielseitig – fast alle Gemüsesorten lassen sich dafür verwenden. Der Tofu sorgt für eine ordentliche Portion Eiweiß.

Vorbereitung: **10 Minuten** (V)
Zubereitung: **35 Minuten**
Portionen: **2**

Enthält **Beta-Karotin, Ballaststoffe, Eiweiß** und **Vitamin C**

200 g Tofu in Würfeln
1 kleine Gemüsezwiebel, geschält und längs in Scheiben geschnitten
1 Zucchini, gewürfelt
2 kleine Auberginen, halbiert
1 kleine Möhre, geschält und in dünne Streifen geschnitten
2 EL Olivenöl
Einige Stängel frischer Thymian
Salz und schwarzer Pfeffer

■ Backofen auf 200 °C vorheizen.
■ Tofu und Gemüse auf ein tiefes Backblech (Fettpfanne) legen und mit Olivenöl beträufeln. Mit Thymian, Salz und Pfeffer würzen.
■ 35 bis 40 Minuten backen, bis das Gemüse am Rand leicht braun wird und weich ist. Als Beilagen empfehlen sich Bulgur-Kürbiskern-Salat (siehe S. 117) oder Schnittlauch-Couscous (siehe S. 77).

Tipp

So wird aus dem Tofugemüse ein leckerer Dip: Abkühlen lassen und im Mixer pürieren.

< Tofugemüse

Brokkoli-Lauch-Fenchel-Gratin

Einfach und köstlich: Dieses Vitamin-C- und Kalzium-reiche Gericht ist ideal für alle Stadien der Schwangerschaft.

Vorbereitung: **15 Minuten** (V)
Zubereitung: **20–25 Minuten**
Portionen: **4**

Enthält **Beta-Karotin, Kalzium, Ballaststoffe** sowie **Vitamin B_2** und **C**

4 kleine Stangen Lauch, quer halbiert
4 große Brokkoli-Röschen, halbiert
½ Fenchelknolle, längs in Scheiben geschnitten
25 g Mehl
450 ml fettarme Milch
2 EL körniger Senf
75 g reifer Cheddar
Paniermehl von einer dicken Scheibe Brot
1 EL Mandelsplitter

■ Backofengrill auf höchster Stufe vorheizen.
■ Gemüse im Dünsteinsatz über kochendem Wasser ca. 5 Minuten weich dünsten. Vom Herd nehmen.
■ Mehl in einen Topf geben und langsam die Milch einrühren. Dann bei schwacher Hitze unter ständigem Rühren zum Kochen bringen. Vom Herd nehmen, Senf und $^2/_3$ des geriebenen Cheddar unterrühren.
■ Das Gemüse in eine flache Auflaufform füllen und mit der Käsesauce begießen. Paniermehl und den restlichen Käse darüberstreuen, dann die Mandelsplitter. Im Ofen ca. 20 Minuten goldbraun überbacken. Sofort servieren.

Tipp

Verwenden Sie für die Sauce anstelle von Senf zur Abwechslung 1 TL rotes Pesto.

Nüsse, Bohnen und Kerne

Mandeln
Augenbohnen
Kürbiskerne
Sojabohnen

Diese Nahrungsmittel sind wichtig, denn sie enthalten Eiweiß und viele Mineralien und Vitamine. Bohnen sind fettarm, aber reich an Kohlenhydraten und Ballaststoffen und daher großartige Energiespender.

Mandeln enthalten viel Vitamin E (gut für die männliche Fruchtbarkeit) sowie Kalzium, mit dessen Aufnahme Sie Ihre Reserven schützen und den Aufbau von Knochen und Zähnen Ihres Babys unterstützen. Zwölf Mandeln enthalten etwa 60 mg Kalzium, dazu das wichtige Antioxidans Selen. Knabbern Sie einige zwischendurch, verfeinern Sie Ihren Gemüsereis damit oder verwenden Sie gemahlene Mandeln zum Andicken von Suppen, z.B. der Fenchel-Mandel-Suppe (siehe S. 59).

Augenbohnen sind besonders reich an Folaten und daher ein ideales Nahrungsmittel vor und zu Beginn der Schwangerschaft. Außer Ballaststoffen enthalten Augenbohnen auch Vitamin B_1 und Selen. Mit ihrem feinen Aroma eignen sich diese Bohnen sehr gut für Suppen und Schmortöpfe.

Sojabohnen sind eine gute Quelle für Eiweiß und sekundäre Pflanzenstoffe und zudem ein hervorragendes Vor-Schwangerschafts-Nahrungsmittel, da reich an Folaten. Einem der Pflanzenstoffe, Daidzein, wird vorbeugende Wirkung gegen Knochenschwund zugeschrieben. Es gibt viele Sojabohnenprodukte – Tofu z.B. eignet sich für Salate, Suppen oder Bratspießchen, da es das Aroma anderer Zutaten sehr gut annimmt.

Kürbiskerne Diese milden nussigen Kerne sind wunderbar knackig. Da sie Eisen, Zink, Selen und Vitamin E enthalten, ergeben sie zusammen mit getrockneten Früchten einen gesunden Snack. Um den Zinkspeicher aufzufüllen und eventuell Ihre Fruchtbarkeit zu fördern, sollten Sie auch einmal den Bulgur-Kürbiskern-Salat von Seite 117 probieren.

Süßkartoffel-Auflauf mit Butternut Squash

Schnell zubereitet, kann dieser Auflauf als Beilage oder Hauptgericht serviert werden.

Vorbereitung: **5–10 Minuten** (V)
Zubereitung: **50 Minuten**
Portionen **2**

Enthält **Beta-Karotin, Ballaststoffe** und **Vitamin C**

650 g Kürbisfleisch (Butternut Squash), gewüfelt
250 g Süßkartoffeln, geschält und gewürfelt
1 EL Olivenöl
1 Knoblauchzehe, geschält und zerdrückt
1 EL gehackter frischer Thymian
100 g ganze Mandeln
Salz und schwarzer Pfeffer

- Backofen auf 160 °C vorheizen.
- Kürbis und Süßkartoffeln auf ein tiefes Backblech legen, mit Öl beträufeln und mit Knoblauch, Thymian und Gewürzen bestreuen. Mit Alufolie abdecken und 30 Minuten im Ofen backen.
- Aus dem Ofen nehmen, Mandeln dazugeben und umrühren, dann ohne Folie weitere 15 bis 20 Minuten backen, bis der Auflauf obendrauf leicht braun wird.

Spinat-Ricotta-Quiche

Diese Quiche eignet sich als Mittag- oder Abendessen. Im Voraus zubereitet, hält sie sich in Folie verpackt ein bis zwei Tage im Kühlschrank. Kümmel gibt dieser Quiche ein unverwechselbares Aroma, und wenn Sie statt einer Keramik- eine Blechform verwenden, wird der Teig noch knuspriger.

Vorbereitung: **20 Minuten** Ⓥ
Zubereitung **45 Minuten**
Portionen: **6**

Enthält **Kalzium, Ballaststoffe, Folate, Eisen, Vitamin A** und **C**

75 g Vollkornmehl
75 g Weizenmehl
1 EL Kümmelkörner
75 g weißes Pflanzenfett mit mehrfach ungesättigten Fettsäuren
60 ml kaltes Wasser
1 EL Olivenöl
1 Zwiebel, geschält und fein gehackt
2 große Eier
250 g Ricotta
1 TL geriebene Muskatnuss
300 g gehackter Tiefkühlspinat, aufgetaut und abgetropft
75 g Cheddar, gerieben
Schwarzer Pfeffer
2 EL Tomatenmark

- Backofen auf 200 °C vorheizen.
- Mehl und Kümmel in einer Schüssel mischen. Mit den Händen das Fett einarbeiten, bis eine krümelige Masse entsteht. Wasser nach und nach zugießen, bis der Teig weich ist und nicht mehr klebt. 1 bis 2 Minuten kneten und in Frischhaltefolie gewickelt in den Kühlschrank legen.
- Für die Füllung Olivenöl in einer Pfanne erhitzen und die Zwiebelwürfel bei schwacher Hitze 5 Minuten weich kochen. Abkühlen lassen. Eier verquirlen, erst Ricotta und Muskatnuss unterrühren, dann den Spinat und $^2/_3$ des geriebenen Cheddar. Mit Pfeffer würzen.
- Teig ausrollen und eine flache runde Backform mit 23 cm Durchmesser damit auslegen.
- Tomatenmark darauf verstreichen und die gebratenen Zwiebelwürfel verteilen. Mit der Spinatmischung bedecken und mit dem restlichen Käse bestreuen.
45 Minuten backen, bis die Füllung fest und der Teig knusprig ist.

Spinat-Ricotta-Quiche

Augenbohnengemüse mit Pilzen

Augenbohnen sind reich an Folaten und ein hervorragendes veganes Nahrungsmittel. Das in Pilzen enthaltene Eisen wird vom Körper leichter aufgenommen als das in vielen anderen pflanzlichen Nahrungsmitteln enthaltene, da es nicht durch Phytate oder andere Bestandteile gebunden ist. Ergänzen Sie das Gericht mit Schnittlauch-Couscous (siehe S. 77) oder gekochtem Reis zu einer wohlschmeckenden, sättigenden Mahlzeit.

Vorbereitung: **10 Minuten** Ⓥ
Zubereitung: **25–30 Minuten**
Portionen: **4**

Enthält **B-Vitamine, Ballaststoffe, Folate, Eisen** und **Eiweiß**

1 TL Olivenöl
1 Zwiebel, geschält und fein gehackt
1 gehäufter TL gemahlener Koriander
150 g Mischpilze in Scheiben
1 Dose Augenbohnen (400 g), gewaschen und abgetropft
3 kräftige Stängel frischer Rosmarin
200 ml Wasser oder Gemüsebrühe
Salz und schwarzer Pfeffer

- Olivenöl in einem Topf erhitzen und Zwiebel darin bei schwacher Hitze 5 Minuten weich kochen.
- Koriander, Pilze, Bohnen und Rosmarin zugeben, umrühren und im geschlossenen Topf bei schwacher Hitze 5 bis 10 Minuten köcheln lassen.
- Wasser oder Brühe dazugießen, zum Kochen bringen und weitere 25 bis 30 Minuten köcheln, bis die Bohnen weich und saftig sind. Mit Salz und schwarzem Pfeffer abschmecken.

Gemüsecurry

Aus Blumenkohl und Butternut Squash wird mit aromatischen Gewürzen ein pikantes Gericht, das dank der Kokosnussmilch doch mild bleibt. Chilipulver ist kein Muss – das Curry schmeckt auch ohne sehr gut, aber wenn Sie es gern scharf mögen, nehmen Sie eine kleine frische gehackte Chili.

Vorbereitung: **10 Minuten** (V)
Zubereitung: **30 Minuten**
Portionen: 2

Enthält **Beta-Karotin, Ballaststoffe, Vitamin C** und **E**

1 EL Rapsöl
1 Zwiebel, geschält und grob gehackt
1 Knoblauchzehe, geschält und zerdrückt
2,5 cm von einer frischen Ingerwurzel, gerieben
1 TL gemahlener Koriander
1 TL Kurkuma (Gelbwurz)
1 TL gemahlener Kreuzkümmel (Chilipulver)
6 Blumenkohl-Röschen, gewaschen und halbiert
50 g grüne Bohnen, geputzt und halbiert
½ großer Butternut Squash oder 1 ganzer Acorn Squash, geschält und gewürfelt
400 ml Kokosnussmilch

■ Rapsöl in einer großen Pfanne erhitzen, Zwiebel und Knoblauch darin bei schwacher Hitze ca. 5 Minuten weich kochen. Ingwer und Gewürze zugeben, umrühren und 1 bis 2 Minuten weiterkochen.

■ Blumenkohl, Bohnen und Kürbis hinzufügen und das Ganze gut durchrühren. Kokosnussmilch dazugießen und 25 bis 30 Minuten köcheln lassen, bis das Gemüse gar ist.

Fisch

Saucenvariationen zu Fisch

Ein gegrilltes Thunfisch- oder Lachssteak zu kochen dauert weniger als zehn Minuten, dazu ein großer Salat und ein knuspriges Brötchen und fertig ist ein nährstoffreiches Mahl. Fischspießchen mit einer festen fleischigen weißen Sorte wie Kabeljau oder Engelbarsch und Paprika oder Zucchini sind ebenso rasch zubereitet. Hier einige Saucenideen, die Abwechslung auf Ihren Tisch bringen werden:

Krabben-Dill-Sauce

125 g Krabben mit 100 ml Crème légère, 1 EL gehacktem Dill und dem Saft einer halben Zitrone vermischen. Diese Sauce passt gut zu gegrilltem weißem Fisch oder selbst gemachten Fischpasteten.

Süßer Chili-Dip

1 TL Tomatenmark mit 1 TL Honig, 1 TL Speisestärke, 1/2 TL Tabasco, 2 TL Weinessig, 1 EL geriebenem Ingwer und zwei zerdrückten kleinen Knoblauchzehen vermischen. 150 ml Wasser einrühren und zum Eindicken erhitzen. Vom Herd nehmen und abkühlen lassen. Passt gut zu gegrilltem weißen Fisch oder Fischspießchen und eignet sich als Dip zu Garnelen, Krabben oder Fischstäbchen.

Artischocken-Kapern-Butter

1/2 Zwiebel in 1 EL Butter weich kochen. 2 Artischockenherzen in Stücke schneiden und mit 1 TL Kapern und der geriebenen Schale einer Limone dazugeben. Kalt stellen und zu gegrilltem Fisch oder gegrillten Garnelen reichen.

Gurken-Paprika-Salat

10 cm von einer geschälten Salatgurke und 1 gelbe Paprika in dünne Scheiben schneiden. 1 TL braunen Rohrzucker darüber streuen und 2 EL Thymian- oder anderen Kräuteressig darüber träufeln. Gekühlt zu gegrillten Lachs- oder Thunfischsteaks reichen.

Kräuter

Gehackte frische Kräuter sind eine Bereicherung für jedes Mahl – natürlich auch zu gegrillten Fisch. Probieren Sie ...

Rosmarin zu Heilbutt
Basilikum zu Thunfisch
Pfefferminze zu Makrele

Fischpastete

Grundsätzlich eignet sich jeder weiße Fisch für diese Pastete, aber Schellfisch ist besonders reich an Vitamin B_6 und daher vor und während der Schwangerschaft ideal. Weitere Nährstoffe liefern die Meeresfrüchte, und schließlich reichert das Ei im Kartoffelbrei das Gericht mit Eiweiß an und sorgt für eine schöne goldbraune Kruste.

Vorbereitung: **20 Minuten**
Zubereitung: **30 Minuten**
Portionen: **4**

Enthält **Kalzium, Jod, Eiweiß,** sowie **Vitamin B_2, B_6** und **C**

800 g Kartoffeln, geschält und gewürfelt
500 ml fettarme Milch
350 g Schellfisch ohne Haut in Würfeln
150 g Tintenfisch, in Stückchen geschnitten
120 g Tiefkühlkrabben, aufgetaut
1 Stange Lauch, nur der weiße Teil, in Scheiben
3 Lorbeerblätter
20 g Butter
1 EL Mehl
1 Ei, verquirlt
Stich Butter oder Sonnenblumenmargarine
Salz und schwarzer Pfeffer

- Backofen auf 180 °C vorheizen.
- Salzwasser in einem großen Topf zum Kochen bringen und die Kartoffeln 15 bis 20 Minuten garen. Abschütten.
- Milch in einen mittelgroßen Topf gießen, sanft erhitzen und Schellfisch, Tintenfisch, Krabben, Lauch und Lorbeerblätter zugeben. Bei schwacher Hitze 10 Minuten köcheln lassen. Mit der Schaumkelle Fisch und Lauch aus der Milch heben und in eine gefettete Auflaufform von 20 x 20 cm Größe füllen. Die Milch zur Seite stellen und Lorbeerblätter entfernen.
- 20 g Butter in einem kleinen Topf schmelzen, Mehl einrühren und 1 Minute anschwitzen. Langsam die Milch einrühren und unter ständigem Rühren eindicken lassen. Abschmecken und über den Fisch gießen.
- Die Kartoffeln stampfen, Ei und Butter oder Margarine daruntermischen und den Brei auf dem Fisch verteilen. In 30 Minuten goldbraun backen.

Lachs thailändisch

Wenn Sie es lieber scharf mögen, dann nehmen Sie eine rote Chili, für die mildere Variante eine grüne.

Vorbereitung: **5 Minuten**
Zubereitung: **15–20 Minuten**
Portionen: **2**

Enthält **Jod, Ballaststoffe, Omega-3-Fettsäuren, Eiweiß** und **Vitamin C**

2 Lachsfilets ohne Haut
1 Stängel Zitronengras, geputzt und fein geschnitten
1 rote oder grüne Chili, entkernt und fein gehackt
Geriebene Schale und Saft einer Zitrone
1 Frühlingszwiebel in feinen Scheiben
1 Knoblauchzehe, zerdrückt
1 Stich Butter
1 EL gehackter frischer Koriander
Schwarzer Pfeffer

- Backofen auf 190 °C vorheizen.
- Lachsfilets in eine feuerfeste Form legen.
- Zitronengras, Chili, Zitronenzeste und -saft, Frühlingszwiebel und Knoblauch darauf verteilen. Ein Flöckchen Butter auf jedes Filet setzen und etwas schwarzen Pfeffer darübermahlen.
- Mit Folie zudecken und 15 Minuten im Ofen garen, dann mit dem Fischsud begießen. Ohne Deckel weitere 5 Minuten fertiggaren. Koriander und schwarzen Pfeffer darüberstreuen und mit Reis, grünem Gemüse und Baby-Mais servieren.

Lachs thailändisch >

Fisch

Lachs
Sardinen
Schellfisch

Fettreiche Fischsorten wie Hering, Lachs, Sardinen und Thunfisch enthalten Omega-3-Fettsäuren und Vitamin D, weißer Fisch hingegen ist ein fettarmer Selen- und Zink-Lieferant – beides vor der Schwangerschaft sehr nützlich. Um maximalen Nährstoffgehalt zu genießen, sollten Sie Fisch stets ganz frisch essen.

Lachs Der immer beliebter werdende nährstoffreiche Fisch liefert essenzielle Fettsäuren für die Entwicklung von Augen und Gehirn Ihres Babys. Essen Sie regelmäßig frischen Lachs, wie z.B. Estragonlachs in Blätterteigmantel (rechts) oder Lachs thailändisch (siehe S. 94). Lachs aus der Dose ist ein hervorragender Brotbelag. Wenn Sie ihn mit den essbaren Gräten zu einer Paste verarbeiten, sorgen Sie für maximale Kalziumzufuhr. Eine Sandwich-Portion Dosenlachs deckt bereits über 10 Prozent des Tagesbedarfs.

Sardinen sind reich an Eiweiß, aber auch an vielen anderen Nährstoffen wie Fettsäuren, Eisen, Vitamin D und Zink. Sardinen auf geröstetem Ciabatta, frisch gegrillt oder aus der Dose, sind eine schnelle Mahlzeit mit viel Kalzium.

Schellfisch Jeder weiße Fisch ist gesund, aber Schellfisch sticht mit seinem Vitamin-B_6-Gehalt und seiner Vielseitigkeit hervor. Er kostet nicht viel und ist gegrillt zusammen mit Gemüse der Saison oder Salat eine schnelle, einfache Mahlzeit. Und ab und zu darf es ruhig einmal Schellfisch mit Pommes sein.

Estragonlachs in Blätterteigmantel

Lachs in Blätterteig ist ein nahrhaftes Hauptgericht für die ganze Familie. Da dieser Fisch viele essenzielle Fettsäuren enthält, sollte er ein regelmäßiger Bestandteil des Speiseplans sein. Wenn Sie keine dicken Filetstücke bekommen, legen Sie zwei dünnere aufeinander.

Vorbereitung: **15 Minuten**
Zubereitung: **20 Minuten**
Portionen: **4**

Enthält **Jod, Omega-3-Fettsäuren, Eiweiß** sowie **Vitamin A, C** und **D**

4 TL Ricotta
Saft und geriebene Schale von zwei Limonen
2 EL gehackter frischer Estragon
4 dicke Lachsfilets
8 Platten Blätterteig (Tiefkühlkost)
Rapsöl zum Bestreichen
Schwarzer Pfeffer

- Backofen auf 190 °C vorheizen.
- Ricotta mit Limonenschale und Estragon vermischen.
- In jedes Lachsfilet eine Tasche schneiden und mit der Käsemischung füllen.
- 1 Platte Blätterteig auf die Arbeitsfläche legen, ausrollen, und mit Öl bepinseln. Ein Lachsfilet in die Mitte legen, mit Limonensaft beträufeln und mit schwarzem Pfeffer würzen. Teigränder fest um den Lachs verschließen. Eine weitere Platte Blätterteig, ebenfalls ausgerollt, dünn mit Öl bestreichen und das Päckchen darauf legen, einwickeln und die Ränder fest zusammendrücken.
- Das Päckchen auf ein Backblech legen und mit den restlichen Zutaten ebenso verfahren.
- In den Ofen schieben und 20 Minuten goldbraun backen.

Fischspießchen mit Kokosnuss-Dressing

Engelbarsch ist ideal für dieses Fischgericht mit thailändischem Einschlag, aber auch Orange Roughy (fettarmer neuseeländischer Fisch) passt hervorragend. Chili-Schoten schreibt die Naturheilkunde vielfältigen Nutzen zu: Sie regen den Appetit an, verbessern den Blutfluss und helfen bei Verdauungsproblemen.

Vorbereitung: **5 Minuten**
Marinieren: **30 Minuten**
Zubereitung: **10 Minuten**
Portionen: **4**

Enthält **Beta-Karotin, Jod, Eiweiß** und **Vitamin C**

1 TL Korianderkörner
1 TL Kreuzkümmelkörner
1 Stiel Zitronengras, geputzt und geschnitten
2 Knoblauchzehen
50 g frischer Koriander
200 ml Coconut-Cream
(1 scharfe rote Chili, halbiert und entkernt)
4 Engelbarschfilets à 140 g, ohne Haut in Stücken
1 rote Paprika, gewürfelt
1 gelbe Paprika, gewürfelt

▪ Koriander- und Kreuzkümmelkörner in einen Topf mit schwerem Boden geben und sanft 1 Minute erhitzen. Vom Herd nehmen und in den Mixer füllen.
▪ Zitronengras, Knoblauch, Koriander, Coconut-Cream (und Chili) hinzufügen und glattrühren.
▪ Die Fischfilets in eine Schale legen und mit der Marinade begießen. Zugedeckt mindestens 30 Minuten im Kühlschrank stehen lassen.
▪ Inzwischen Grill auf höchster Stufe vorheizen. Die Fischstücke abwechselnd mit den roten und gelben Paprikawürfeln auf 4 lange Metallspieße stecken.
▪ Die Spieße ca. 10 Minuten grillen, dabei gelegentlich wenden. Mit Reis und warmem grünen Salat (siehe S. 114) servieren.

Gegrillter Fächerfisch mit Fenchel

Die fleischige Konsistenz des Fächerfischs macht ihn so ideal zum Grillen, aber Schwert- und Thunfisch sind ebenso geeignet. Zusammen mit neuen Kartoffeln ein köstliches Sommergericht.

Vorbereitung: **10 Minuten**
Zubereitung: **20 Minuten**
Portionen: **2**

Enthält **Jod, Omega-3-Fettsäuren, Eiweiß** sowie **Vitamin A** und **D**

1 Fenchelknolle
100 ml trockener Weißwein
100 ml Wasser
1 kräftiger Stängel Rosmarin
5 Körner schwarzer Pfeffer
2 Fächerfischsteaks
Olivenöl zum Bestreichen
2 EL Sahne
Salz und schwarzer Pfeffer

■ Fenchel waschen und putzen. Abgeschnittene Blätter zur Seite legen. Knolle in Scheiben schneiden.
■ Für die Sauce den Fenchelabfall mit Wein, Wasser, Rosmarin und Pfefferkörnern in einen kleinen Topf geben und langsam zum Kochen bringen. 15 bis 20 Minuten sanft köcheln lassen, bis die Sauce zur Hälfte eingekocht ist. Vom Herd nehmen.
■ Inzwischen Grill auf höchster Stufe vorheizen. Fisch und die Fenchelscheiben auf ein Backblech legen und dünn mit Olivenöl bepinseln. 10 Minuten grillen, dabei den Fisch einmal wenden. Wird der Fenchel nicht zu braun, muss er nicht gewendet werden.
■ Wenn der Fisch fast gar ist, die Sauce durch ein Sieb in einen sauberen Topf streichen. Auf kleiner Flamme erhitzen, Sahne einrühren und 1 bis 2 Minuten bei schwacher Hitze kochen. Sauce ringsum den Fisch auf den Teller gießen und sofort servieren.

Makrele in Haferflockenkruste mit Himbeersauce

Vorbereitung: **15 Minuten**
Zubereitung: **20–25 Minuten**
Portionen: **4**

Enthält **Ballaststoffe, Omega-3-Fettsäuren, Eiweiß** sowie **Vitamin A, C** und **D**

Für die Sauce

200 g Himbeeren
1 EL feiner Zucker
2 EL roter Weinessig

4 frische Makrelen, ausgenommen
Saft einer großen Zitrone
4 EL grob gehackte Petersilie
1 Ei, verquirlt
3–4 EL Haferflocken
Schwarzer Pfeffer

■ Backofen auf 180 °C vorheizen.
■ Himbeeren und Zucker in einen kleinen Topf geben und einige Minuten erhitzen, bis die Früchte weich sind. Roten Weinessig einrühren und abkühlen lassen.
■ Die Innenseite der Fische mit Zitronensaft beträufeln und mit Petersilie bestreuen.
■ Das verquirlte Ei auf einen Teller, die Haferflocken – gewürzt mit schwarzem Pfeffer – auf einen weiteren Teller geben und die Makrelen zuerst in Ei, dann in den Haferflocken wälzen.
■ Die Fische auf ein eingefettetes Backblech legen und 20 bis 25 Minuten backen, bis die Haferflockenkruste braun wird.
■ Sauce ringsum den Fisch auf den Teller gießen und sofort servieren.

Makrelen-Kedgeree

Dieses würzige Kedgeree-Rezept, ursprünglich als Frühstück gedacht, enthält Makrele, die reich an essenziellen Ölen und daher zu jeder Tageszeit eine gute Wahl ist. Eventuelle Reste halten sich (ohne die Eier) einen Tag im Kühlschrank; das Kedgeree wird dadurch noch kräftiger im Geschmack.

Vorbereitung: **10 Minuten**
Zubereitung: **35–40 Minuten**
Portionen: **2**

Enthält **Eisen, Omega-3-Fettsäuren, Eiweiß** sowie **Vitamin A** und **D**

1 TL Rapsöl
1 Zwiebel, geschält und fein gehackt
1 TL gemahlener Kreuzkümmel
1 TL gemahlene Kurkuma (Gelbwurz)
1 TL gemahlener Koriander
1/4 TL mildes Chilipulver
150 g geschälter Reis
400 ml Wasser
2 hart gekochte Eier
2 kleine geräucherte Makrelenfilets
Salz und schwarzer Pfeffer
Gehackte frische Petersilie zum Garnieren

■ Rapsöl in einem großen Topf erhitzen und Zwiebel darin bei schwacher Hitze 4 bis 5 Minuten goldbraun braten. Gewürze einrühren und weitere 1 bis 2 Minuten braten, dann Reis und Wasser hinzufügen. Umrühren und im geschlossenen Topf zum Kochen bringen. 25 bis 30 Minuten köcheln lassen, bis der Reis gar ist.
■ Inzwischen Eier schälen und in Scheiben schneiden. Makrelenfilets häuten und zerpflücken.
■ In den letzten Minuten, bevor der Reis gar ist, die Markelenstückchen hinzufügen. Mit Salz und schwarzem Pfeffer abschmecken und mit Ei und viel Petersilie garniert servieren.

Fleisch und Geflügel

Hähnchenbrust mit Chorizo und Oliven

Reichen Sie Reis dazu oder probieren Sie die Eintopf-Variante aus.

Vorbereitung: **15 Minuten**
Zubereitung: **50 Minuten**
Portionen: **4**

Enthält **Beta-Karotin, Eiweiß** und **Vitamin C**

2 EL Olivenöl
4 Hähnchenbrustfilets mit Haut
2 große Zwiebeln, geschält und in Scheiben geschnitten
4 Knoblauchzehen, geschält und grob gehackt
150 g Chorizo-Knoblauchwurst in Scheiben
1 Dose gehackte Tomaten (410 g)
1 TL Thymian
150 g gefüllte grüne Oliven
2 Zucchini, gewürfelt
Schwarzer Pfeffer
Gehackte frische Petersilie zum Garnieren

■ Olivenöl in einer großen Pfanne erhitzen und die Filets darin von jeder Seite ca. 2 Minuten anbraten.
■ Aus der Pfanne nehmen, Zwiebeln, Knoblauch und Chorizo hineingeben und 5 Minuten braten.
■ Das Hähnchenfleisch zurück in die Pfanne legen, Tomaten darübergießen, mit Thymian und Oliven bestreuen und gut durchrühren. Mit schwarzem Pfeffer würzen. Zum Kochen bringen und im geschlossenen Topf 35 Minuten köcheln lassen, gelegentlich umrühren.
■ Die Zucchini dazugeben und weitere 10 bis 15 Minuten kochen.
■ Abschmecken, mit Petersilie garniert servieren und Reis, Kartoffeln oder Bauernbrot dazu reichen.

Tipp

Um ein Eintopf-Gericht daraus zu machen, fügen Sie nach 20 Minuten Kochzeit ein paar geviertelte neue Kartoffeln hinzu – sie nehmen die herrlichen Aromen auf und machen aus dem Hähnchengemüse eine kräftige Mahlzeit.

Hähnchenbrust in Spargel-Sahne-Sauce

Als folatreiche, unkomplizierte Schlemmerei ist dieses Gericht ideal für ein Essen im Familien- und Freundeskreis. Spargel bereichert es zudem mit Vitamin A, B_2 und C.

Vorbereitung: **10 Minuten**
Zubereitung: **30-35 Minuten**
Portionen: **4**

Enthält **Folate**, **Eiweiß** und **Vitamin C**

1 EL Olivenöl
4 große Hähnchenbrustfilets, in Würfel geschnitten
3 Lorbeerblätter
150 g Spargel, in 2,5-cm-Stücken
100 ml trockener Rotwein
2 mittelgroße Zucchini in dicken Scheiben
1 TL Speisestärke
200 ml Sahne
Salz und schwarzer Pfeffer

- Olivenöl in einer großen Pfanne erhitzen und die Filets darin bei schwacher Hitze 10 Minuten anbraten, dabei gelegentlich wenden. Lorbeerblätter und Spargel zugeben und weitere 5 Minuten braten.
- Wein und Zucchini hinzufügen und zum Kochen bringen. Umrühren und mit geschlossenem Deckel 15 bis 20 Minuten kochen. Lorbeerblätter entfernen.
- Speisestärke unter die Sahne mischen und unter ständigem Rühren in die Pfanne gießen. Aufkochen, leicht eindicken lassen und abschmecken. Sofort servieren und Salzkartoffeln, Reis oder Pasta dazu reichen.

Tipp

Außerhalb der Spargelsaison können Sie Dosenspargel verwenden. Abtropfen lassen und in den letzten 5 Minuten der Kochzeit zugeben. Anstelle des Spargels können Sie auch 150 g weiße kernlose Trauben nehmen.

Hähnchenbrust mit Spinatfüllung im Schinkenmantel

Dieses Gericht ist leicht in der Zubereitung und schmeckt einfach herrlich. Es ist zudem eine sehr gute Eisen- und Eiweiß-Quelle für Sie und Ihr Baby.

Vorbereitung: **10 Minuten**
Zubereitung: **35 Minuten**
Portionen: **2**

Enthält **Eisen** und **Eiweiß**

2 Hähnchenbrustfilets
40 g gehackter Tiefkühlspinat, aufgetaut
1 EL gehackte frische Blattpetersilie
Gerieben Schale einer halben Zitrone
1/4 TL geriebene Muskatnuss
1 EL Mascarpone
2 große oder 4 kleine Scheiben gekochter Schinken
1 TL Olivenöl

- Backofen auf 180 °C vorheizen.
- In jedes Hähnchenbrustfilet eine Tasche schneiden.
- Spinat, Petersilie, Zitronenschale, Muskatnuss und Mascarpone in einer kleinen Schüssel vermischen und die Masse in die Filets füllen.
- Schinkenscheiben um die Fleischtaschen wickeln und mit Zwirn oder Zahnstochern befestigen.
- Öl in einer Pfanne erhitzen und die Rouladen darin von jeder Seite 3 Minuten anbraten.
- In eine feuerfeste Form legen, mit Deckel oder Alufolie zudecken und ca. 30 Minuten backen.
- Mit einem grünen Blattsalat servieren.

Hähnchenbrust mit Spinatfüllung im Schinkenmantel >

Zuckererbsen-Okraschoten-Gemüse mit Hühnchen

Zuckererbsen-Okraschoten-Gemüse mit Hühnchen

Okraschoten enthalten Magnesium, Kalzium sowie Vitamin E und werden am Besten vor dem Braten gedünstet. Bei Gerichten mit Kurzgebratenem sollte alles vorbereitet sein, bevor die erste Zutat in die Pfanne kommt. Das Gemüse muss knackig bleiben und Biss haben und wird nur minimal gebraten, damit möglichst viele Nährstoffe erhalten bleiben.

Vorbereitung: **15 Minuten**
Zubereitung: **5 Minuten**
Portionen: **2**

Enthält **Kalzium, Ballaststoffe, Folate, Eiweiß** sowie **Vitamin C** und **E**

100 g Okraschoten, geputzt
1–2 EL Rapsöl
2 Hähnchenbrustfilets in sehr feinen Streifen
2 Frühlingszwiebeln in dünnen Scheiben
2,5 cm von einer frischen Ingwerwurzel, fein gerieben
100 g Zuckererbsenschoten, geputzt
1 orange Paprika in feinen Streifen
1 EL natriumarme Sojasauce
1 EL trockener Sherry

■ Okraschoten 5 Minuten dünsten.
■ In der Zwischenzeit 1 TL Öl in einem Wok oder einer großen Bratpfanne erhitzen und die Hähnchenbruststreifen 2 bis 3 Minuten darin weiß braten. Aus der Pfanne nehmen.
■ Wenn nötig etwas mehr Öl zugeben und rasch die restlichen Zutaten – außer Sojasauce und Sherry – 2 Minuten anbraten.
■ Das Fleisch wieder hinzufügen und zusammen mit Sojasauce und Sherry unterrühren.
■ Sofort servieren und Reis oder Pasta dazu reichen.

Hähnchenbrustfilet mit Süßkartoffeln und Fenchel

Ein weiteres Gericht für die ganze Familie. Süßkartoffeln sind eine hervorragende Quelle für Beta-Karotin und verleihen dem Kartoffelpüree ein köstliches Aroma. Fenchel ist gut für die Verdauung und verfeinert das Gericht mit einem Hauch Anis.

Vorbereitung: **20 Minuten**
Zubereitung: **20–25 Minuten**
Portionen: **2**

Enthält **Beta-Karotin, Ballaststoffe, Eiweiß** sowie **Vitamin C**

2 Hähnchenbrustfilets
½ orange Paprika, grob gewürfelt
½ rote Paprika, grob gewürfelt
Rapsöl zum Bestreichen
1 große Kartoffel, geschält und gewürfelt
1 mittelgroße Süßkartoffel, geschält und gewürfelt
1 Fenchelknolle in feinen Scheiben
Butter und Milch
Salz und Pfeffer

■ Hähnchenfleisch und Paprika dünn mit Rapsöl bepinseln.
■ Kartoffel und Süßkartoffel in einen Topf mit kochendem Wasser geben. Fenchel im Dünsteinsatz darüber stellen und das Gemüse 15 bis 20 Minuten garen.
■ In der Zwischenzeit eine gusseiserne Grillpfanne erhitzen und das Hähnchen darin auf kleiner Flamme 15 Minuten braten, dabei gelegentlich wenden, bis beim Hineinstechen klarer Bratensaft austritt. Paprikawürfel hinzufügen und 2 bis 3 Minuten mitbraten, bis die Haut braun wird und Blasen wirft.
■ Kartoffeln abgießen und mit Milch und Butter stampfen. Fenchel hinzufügen, stampfen und abschmecken.
■ Die gebratenen Filets mit dem Paprikagemüse auf einem Bett Kartoffel-Fenchel-Brei servieren.

Hähnchenbrust mit Cocktailtomaten

Als Beilagen eignen sich hier Kartoffelpüree und Erbsen oder ein frischer Salat. Da dieses Gericht schnell zuzubereiten ist und zudem viel Vitamin C enthält, gehört es bestimmt bald zu Ihren Favoriten.

Vorbereitung: **15 Minuten**
Zubereitung: **20–25 Minuten**
Portionen: **2**

Enthält **Eiweiß** und **Vitamin C**

1 EL Rapsöl
2 Hähnchenbrustfilets mit Haut
½ Gemüsezwiebel, geschält und fein gehackt
20 Cocktailtomaten, halbiert
1 EL Balsamico
½ TL Zucker
Frische Oreganoblätter zum Garnieren

- Backhofen auf 160 °C vorheizen.
- Rapsöl in einer beschichteten Bratpfanne erhitzen und die Filets mit der Haut nach unten hineinlegen. Bei geschlossenem Deckel auf kleiner Flamme 10 Minuten garen. Wenden und die andere Seite 10 Minuten garen, bis beim Hineinstechen klarer Bratensaft austritt.
- Hähnchenfleisch aus der Pfanne nehmen und in eine Schale legen. Etwas Wasser zugeben, damit das Fleisch nicht austrocknet. Zugedeckt im Ofen warmhalten.
- Platte höher stellen und Zwiebel in die Pfanne geben. 5 Minuten anbraten und dann die Tomaten hinzufügen. 8 bis 10 Minuten unter regelmäßigem Rühren weich braten.
- Balsamico und Zucker dazugeben und weitere 1 bis 2 Minuten braten.
- Filets aus dem Ofen nehmen und mit dem Tomatengemüse garniert servieren.

Tipp

Noch gesünder wird dieses Gericht, wenn Sie alles sichtbare Fett und die Haut von den Hähnchenbrustfilets entfernen. Sie müssen dann das Fleisch beim Braten häufiger wenden, damit es nicht in der Pfanne anklebt.

Fleisch und Geflügel

Rind
Lamm
Schwein
Huhn
Pute

Fleisch und Geflügel sind die Haupteiweißquelle vieler Menschen, aber sie enthalten auch B-Vitamine und zahlreiche Mineralien, besonders Eisen und Zink. Verwenden Sie nur ganz frisches Fleisch und Geflügel, lagern Sie es richtig und braten Sie es immer gut durch (mehr dazu auf den Seiten 20 bis 23).

Rind, Lamm und Schwein Was Eisen und Eiweiß angeht, ist rotes Fleisch der Renner. Die lange wegen ihres hohen Eisengehalts geschätzte Leber wird Schwangeren heute nicht mehr zum Verzehr empfohlen (siehe S. 20). Rind, Schwein und Lamm können jedoch einen bedeutenden Beitrag zur Eisenversorgung leisten. Rind enthält mehr als Lamm, und Lamm mehr als Schwein. Zudem ist rotes Fleisch eine gute Zinkquelle.

Huhn und Pute Da weißes Geflügelfleisch eine gute fettarme Eiweißquelle ist, das dunkle Fleisch jedoch mehr Eisen, Zink und Selen enthält, sollten Sie beides essen. Huhn und Pute sind zwar nicht so reich an Eisen wie mageres rotes Fleisch, enthalten aber durchaus wertvolle Mengen. Der Fettgehalt lässt sich durch Entfernen von Haut und sichtbarem Fett reduzieren. Da Hühnerfleisch schnell gar ist, eignet es sich gut für Wochentagsgerichte wie z. B. die Hähnchenbrust mit Cocktailtomaten auf Seite 103 oder das Hähnchenbrustfilet mit Süßkartoffeln und Fenchel auf Seite 102.

Hähnchen-Kasserole mit Pflaumen und Pinienkernen

Pflaumen sind sehr reich an Eisen, löslichen Faserstoffen und Kalium. Ihre natürliche Süße verfeinert das geschmorte Hühnerfleisch, und die Pinienkerne steuern Aroma und Biss bei. Die Pflaumen kann man mit etwas Sud pürieren, wenn sie nicht sichtbar in Erscheinung treten sollen. Da der Alkohl des Weins beim Kochen verdunstet, dürfen Sie hemmungslos genießen.

Vorbereitung: **10 Minuten**
Zubereitung: **40–45 Minuten**
Portionen: **4**

Enthält **Ballaststoffe, Eiweiß** sowie **Vitamin B_3** und **E**

1 EL Oliven- oder Rapsöl
8 Hähnchenschenkel ohne Haut
1 Zwiebel, geschält und längs in Scheiben geschnitten
200 g entkernte Pflaumen
50 g Pinienkerne
100 ml trockener Weißwein
2 EL gehackte Blattpetersilie
Salz und Pfeffer

- Öl in einer großen Pfanne erhitzen und Hähnchenschenkel darin bei geschlossenem Deckel 5 bis 10 Minuten bräunen. Zwiebelscheiben zugeben und bei schwacher Hitze 10 Minuten mitbraten, gelegentlich umrühren.
- Pflaumen, Pinienkerne und Wein hinzufügen und bei geschlossenem Deckel 15 Minuten köcheln lassen. Petersilie zugeben und weitere 5 Minuten kochen.
- Vor dem Servieren abschmecken und Couscous oder Reis dazu reichen.

Putenroulade mit Aprikosenmus

Aprikosen und Kardamomkörner passen sehr gut zu Putenfleisch. Schneiden Sie die Rouladen vor dem Servieren auf, damit man auch die Füllung sieht.

Einweichen: **über Nacht**
Vorbereitung: **20 Minuten**
Zubereitung: **40 Minuten**
Portionen: **4**

Enthält **Beta-Karotin** sowie **Eiweiß**

200 g getrocknete Aprikosen
3 Kardamomschoten
250 ml kochendes Wasser
4 Putenschnitzel à 100 g
4 Scheiben magerer Hinterschinken
8 große Basilikumblätter
2 TL Rapsöl
150 ml trockener Weißwein
1/2 Gemüsezwiebel, geschält und in Scheiben geschnitten
Schwarzer Pfeffer
Basilikumblätter zum Garnieren

■ Aprikosen in eine Schüssel füllen. Kardamomkörner aus den Schoten nehmen und dazugeben. Mit kochendem Wasser begießen und über Nacht einweichen lassen.

■ Jedes Putenschnitzel zwischen zwei Bogen Pergamentpapier legen und mit dem Nudelholz 1 cm dünn ausrollen.
■ Eine Scheibe Schinken auf jedes Schnitzel legen, etwas schwarzen Pfeffer darübermahlen und mit zwei Basilikumblättern belegen. Zusammenrollen und mit 2 oder 3 Zahnstochern verschließen.
■ Die Hälfte Öl in einem großen Topf erhitzen und Rouladen darin bei schwacher Hitze 5 Minuten von allen Seiten anbraten. Weißwein dazugießen und im geschlossenen Topf bei schwacher Hitze 30 bis 40 Minuten köcheln lassen, bis das Fleisch gar ist.
■ Inzwischen das Mus zubereiten: Aprikosen, Restwasser und Kardamomkörner in den Mixer geben und zu einem grobkörnigen Mus verarbeiten.
■ Restliches Öl in der Bratpfanne erhitzen und Zwiebel darin bei schwacher Hitze 5 Minuten weich kochen. Aprikosenmus dazugeben und 1 bis 2 Minuten sanft erhitzen.
■ Rouladen aus der Pfanne nehmen und auf eine vorgewärmte Servierplatte legen. Den Sud zu dem Aprikosenmus geben und rasch aufkochen lassen.
■ Zahnstocher entfernen und jede Roulade in 4 bis 5 Scheiben schneiden. Je einen großen Klecks Aprikosenmus auf einen warmen Teller geben, Rouladenscheiben darauflegen und mit frischem Basilikum garnieren.

Tipp

Wenn Sie es milder mögen, lassen Sie die Kardamomkörner und die Basilikumblätter in den Rouladen weg.

Schweinegeschnetzeltes mit Paprikamix

Mageres Schweinefleisch eignet sich hervorragend zu Kurzgebratenem. Verwenden Sie für dieses Rezept Schnitzelfleisch, Geschnetzeltes oder Filet. Süße Chilisauce können Sie kaufen oder auch selbst machen (siehe S. 93). Ingwer ist gut gegen Übelkeit und Knoblauch stärkt das Immunsystem.

Vorbereitung: **10 Minuten**
Zubereitung: **10 Minuten**
Portionen: **2**

Enthält **Eiweiß** sowie **Vitamin B_1** und **C**

1 EL Rapsöl
250 g mageres Schweinefleisch in dünnen Streifen
4 Frühlingszwiebeln in 1-cm-Stücken
1 1/2 rote oder orange Paprika, geputzt und fein geschnitten
2,5 cm von einer frischen Ingwerwurzel, gerieben
2 Knoblauchzehen, zerdrückt
2 Pak Choi oder 1/2 kleiner Weißkohl, gehobelt
2 EL süße Chilisauce

■ Rapsöl in einem Wok oder einer großen Bratpfanne erhitzen und Schweinefleisch darin bei mittlerer Hitze 5 Minuten braten.
■ Frühlingszwiebeln und Paprika hinzufügen und 2 Minuten weiter braten. Ingwer, Knoblauch und Pak Choi oder Kohl einrühren und einige Minuten weiter braten. Die süße Chilisauce unterrühren und sofort servieren – ohne Beilage oder mit Reis.

Tipp

Ersetzen Sie die süße Chilisauce durch 1 EL natriumarme Sojasauce mit 2 EL frischem gehackten Koriander.

Schweinefleisch-Spießchen mit Basilikum und Zitrone

Zu diesem wunderbaren Grillgericht passen Schnittlauch-Couscous (siehe S. 77) oder neue Kartoffeln und ein grüner Salat. Schweinefilet ist fettarm, aber reich an Vitamin B_1.

Vorbereitung: **5 Minuten**
Marinieren: **30 Minuten**
Zubereitung: **10–12 Minuten**
Ergibt: **4 Spießchen**

Enthält **Eiweiß** sowie **Vitamin B_1** und **C**

400 g Schweinefilet, gewürfelt
¼ Ananas, gewürfelt
Schale einer Zitrone, gerieben
8 frische Basilikumblätter, grob zerkleinert, weitere Blätter zum Garnieren
1 EL Olivenöl

■ Fleisch und Ananas in einen nichtmetallischen Behälter füllen, Zitronenschale, Basilikum und Olivenöl dazugeben. Zugedeckt mindestens 30 Minuten im Kühlschrank stehen lassen.
■ Grillkohle im Voraus gut durchbrennen oder Grill auf höchster Stufe vorheizen. Schweinefleisch und Ananaswürfel abwechselnd auf Spieße stecken und 5 bis 6 Minuten von jeder Seite grillen (nur einmal wenden), bis der Bratensaft klar ist. Mit Basilikumblättern garniert servieren.

Schweineschnitzel mit Stangensellerie und Apfel

Dieses Gericht ist nährstoffreich und fettarm – kurzum höchst wertvoll in der Schwangerschaft.

Vorbereitung: **10 Minuten**
Zubereitung: **45 Minuten**
Portionen: **2**

Enthält **Eiweiß** sowie **Vitamin B_1** und **C**

1 EL Olivenöl
2 Selleriestangen, in 1-cm-Stücken
2 Schweineschnitzel
2 Äpfel (Cox Orange), Kerngehäuse entfernt und in Scheiben geschnitten, aber nicht geschält
1 TL Speisestärke in 150 ml Wasser
Salz und schwarzer Pfeffer

■ Backofen auf 180 °C vorheizen.
■ Olivenöl in einen feuerfesten Schmortopf geben und Stangensellerie bei schwacher Hitze 5 Minuten braten. Mit der Schaumkelle aus dem Topf nehmen.
■ Schweineschnitzel in den Topf legen und bei schwacher Hitze ca. 2 Minuten von jeder Seite bräunen.
■ Apfelscheiben und Stangensellerie auf dem Fleisch verteilen. Speisestärke in Wasser langsam unter ständigem Rühren dazugießen und eindicken lassen. Würzen.
■ Im geschlossenen Topf im Backofen 45 Minuten schmoren, bis das Fleisch gar ist. Mit neuen Kartoffen servieren.

Schweinesteak mit Orangen und Mangold

Das Gericht ist reich an Folaten, also sehr nützlich, wenn Sie schwanger werden möchten sowie in den ersten Wochen der Schwangerschaft.

Vorbereitung: **15 Minuten**
Zubereitung: **35–40 Minuten**
Portionen: **2**

Enthält **Folate, Eiweiß** sowie **Vitamin B_1** und **C**

1 EL Olivenöl
1 Zwiebel, geschält und gehackt
2 dünne Schweinekoteletts oder -steaks, entfettet
1/2 TL Kreuzkümmelkörner, zerdrückt
1/2 TL Korianderkörner, zerdrückt
150 g Mangold, gewaschen und grob gehackt
Fruchtfleisch von 2 großen saftigen Orangen, gewürfelt (ohne Haut und Kerne)

■ Öl in einer großen Pfanne erhitzen und die Zwiebel 5 bis 7 Minuten weich kochen. An den Rand schieben und Koteletts in die Pfanne legen. Die Temperatur etwas erhöhen und die Koteletts von jeder Seite 5 Minuten braten.
■ Zwiebel in der Pfanne verteilen und zerdrückte Kreuzkümmel- und Korianderkörner über das Fleisch streuen. Deckel schließen und bei schwacher Hitze 15 Minuten garen.
■ Koteletts wenden, Mangold in die Pfanne geben und vor Zugabe der Orangenstücke 5 Minuten garen. Durchrühren und weitere 5 bis 10 Minuten garen, bis der Mangold zusammenfällt und das Fleisch gar ist. Mit neuen Kartoffeln, Reis oder Pasta servieren.

Lammkeule mit weißen Bohnen

Reichen Sie beim Sonntagsessen Petits Pois und Bratkartoffeln dazu oder – wenn Sie Freunde eingeladen haben – auch mal einen Kartoffelgratin.

Einweichen: **über Nacht**
Vorbereitung: **10 Minuten**
Zubereitung: **2 Stunden**
Portionen: **6**

Enthält **Kalzium, Ballaststoffe, Eiweiß** und **Eisen**

200 g trockene weiße Bohnen
Lammkeule (1,5-2 kg)
6 Knoblauchzehen, längs in grobe Scheiben geschnitten
6 kleine Zwiebeln, geschält und geviertelt
4 kräftige Stängel frischer Estragon
600 ml selbst gemachte Fleischbrühe (oder ein Lamm-Brühwürfel mit Wasser)
Salz und schwarzer Pfeffer
Gehackter frischer Estragon zum Garnieren

■ Bohnen in reichlich kaltem Wasser über Nacht einweichen lassen.
■ Backofen auf 170 °C vorheizen.
■ Bohnen spülen, abtropfen lassen und in einen großen Topf geben. Mit kaltem Wasser bedeckt zum Kochen bringen. 10 Minuten kräftig kochen, dann Bohnen abgießen und abkühlen lassen.
■ Möglichst viel überschüssiges Fett von der Lammkeule entfernen. Das Fleisch einritzen und einige Knoblauchscheiben hineinstecken.
■ Bohnen in einen ausreichend großen Schmortopf füllen. Zwiebeln, restlichen Knoblauch, Estragon und Brühe zugeben und die Lammkeule darauf betten. Gut würzen, Deckel schließen und im Backofen 1 1/2 Stunden schmoren.
■ Prüfen, ob noch genug Flüssigkeit für die Bohnen im Topf ist. Falls nicht, etwas Brühe oder Wasser zugießen. Deckel schließen und weitere 30 Minuten im Backofen schmoren, bis das Fleisch und die Bohnen gar sind.
■ Lammkeule auf ein Tranchierbrett legen und in dicke Scheiben schneiden. Die Scheiben auf Bohnen gebettet und garniert mit gehacktem Estragon servieren.

Tipp

Sollten Sie keinen ausreichend großen Bräter oder Schmortopf besitzen, bitten Sie einfach Ihren Metzger, Ihnen die Lammkeule zu halbieren. Für ein Essen mit 3 bis 4 Personen genügen eine halbe Lammkeule und 150 g Bohnen. Die Garzeit verkürzt sich dann um etwa 30 Minuten.

Lammkotelett mit Pfefferminz-Tomaten-Salsa

Das leichte, frische Aroma der Pfefferminze passt hervorragend zu Lammfleisch und die Salsa ist nicht nur schmackhaft, sondern auch reich an Vitamin C und dem nützlichen Antioxidans Lycopen. Servieren Sie dazu einen Brunnenkresse-Salat.

Vorbereitung: **10 Minuten**
Zubereitung: **40–45 Minuten**
Portionen: **4**

Enthält **Eisen, Eiweiß, Vitamin C** und **Zink**

250 g aromatische Cocktail- oder Eiertomaten, fein gehackt
½ große Gemüsezwiebel, fein gehackt
2 Stiele frische Pfefferminze, Blätter gehackt
½ große Gemüsezwiebel in dünnen Scheiben
4 dicke Lammkoteletts oder -steaks, entfettet
Saft einer halben Zitrone
Salz und schwarzer Pfeffer

▪ Backofen auf 180 °C vorheizen.
▪ Für die Salsa Tomaten, gehackte Gemüsezwiebel und Pfefferminze in einer kleinen Schüssel vermischen. Mit schwarzem Pfeffer würzen und leicht mit dem Löffel zusammendrücken, um mehr Saft zu gewinnen. Zugedeckt kalt stellen.
▪ Die Gemüsezwiebelscheiben in eine feuerfeste Form legen und die Koteletts darauf betten. Mit Zitronensaft beträufeln und würzen.
▪ 40 bis 45 Minuten im Ofen backen, bis Lammfleisch und Zwiebeln weich sind. Die Lammkoteletts auf Zwiebelscheiben servieren, garniert mit einem kräftigen Klecks Salsa.

Lammkotelett libanesisch

Kreuzkümmel, Nüsse und Früchte verleihen dem Lammfleisch eine nahöstliche Note. Dazu passt z.B. der Bulgur-Kürbiskern-Salat (siehe S. 117) oder das Aprikosen-Ingwer-Risotto (siehe S. 75).

Vorbereitung: **10 Minuten**
Zubereitung: **40–45 Minuten**
Portionen: **4**

Enthält **Beta-Karotin, Ballaststoffe, Eiweiß, Vitamin C** und **E** sowie **Zink**

50 g getrocknete Aprikosen
25 g Walnüsse
1 Zwiebel, geschält und geviertelt
10 g frische Petersilie
1 TL gemahlener Kreuzkümmel
4 mittelgroße Lammkoteletts, entfettet

▪ Backofen auf 180 °C vorheizen.
▪ Aprikosen, Walnüsse, Zwiebel, Petersilie und Kreuzkümmel in den Mixer geben und vermischen.
▪ Auf jedes Kotelett ein Viertel der Füllung geben, zusammenklappen und mit Zwirn umwickeln. In eine flache feuerfeste Form geben.
▪ Im Ofen ca. 45 Minuten backen. Beim Hineinstechen muss klarer Bratensaft austreten.

Rinderrouladen mit Gemüsezwiebel-Rosinen-Füllung

Klingt vielleicht etwas kompliziert, lohnt aber durchaus die Mühe, denn Rindfleisch ist sehr reich an Eisen und gut zur Vorbeugung von Eisenmangelanämie.

Vorbereitung: **20 Minuten**
Zubereitung: **1 Stunde 20 Minuten**
Portionen: **4**

Enthält **Eisen, Eiweiß, Vitamin B_{12}** und **Zink**

2 TL Olivenöl
1 Gemüsezwiebel, geschält, in feinen Scheiben
100 g Rosinen
¼ TL Zimt
4 Rinderrouladen à 100 g
250 ml Rinderbrühe

▪ Backofen auf 180 °C vorheizen.
▪ 1 TL Olivenöl in einer Pfanne erhitzen und Zwiebel auf kleiner Flamme 5 Minuten weich kochen. Rosinen und Zimt zugeben und weitere 5 Minuten braten. Abkühlen lassen.
▪ Die Rouladen flach ausbreiten. Ein Viertel der Füllung am Ende jeder Scheibe platzieren, Rouladen zusammenrollen und mit Klammern (oder Zwirn) zusammenhalten. Restliches Olivenöl in der Pfanne erhitzen und die Rouladen 2 bis 3 Minuten von allen Seiten anbraten.
▪ Rouladen in eine feuerfeste Form geben, mit Brühe übergießen und zugedeckt im Backofen 1 bis 1½ Stunden garen, bis das Fleisch zart ist. Dabei gelegentlich mit Sud begießen.

< Lammkotelett mit Pfefferminz-Tomaten-Salsa

Rindfleisch-Spinat-Auflauf

Mit Rindfleisch und Spinat füllen Sie Ihre Eisen- und Folate-Speicher kräftig auf. Beilagen sind eigentlich nicht nötig, aber Sie können zur Beta-Karotin-Zufuhr Möhren oder Steckrüben dazu reichen.

Vorbereitung: **25 Minuten**
Zubereitung: **2 Stunden**
Portionen: **3–4**

Enthält **Ballaststoffe, Folate, Eiweiß** und **Vitamin C**

500 g mageres Rinderhackfleisch
1 Zwiebel, geschält und fein gehackt
(1 EL Olivenöl)
1 TL Fenchelsamen, zerdrückt
2 TL gemahlener Kreuzkümmel
½ TL Zimt
300 ml Rinderbrühe
1 gestrichener TL Speisestärke in 2 TL kaltem Wasser
250 g frischer Spinat, gewaschen
500 g Kartoffeln, geschrubbt und in dünne Scheiben geschnitten
15 g geschmolzene Butter

■ Backofen auf 200 °C vorheizen.
■ Eine große Pfanne erhitzen und das Hackfleisch mit der Zwiebel 10 Minuten braten, bis das Fleisch seine rote Farbe verloren hat. Falls nötig Olivenöl zugeben, um ein Anbrennen zu verhindern.
■ Fenchelsamen, Kreuzkümmel und Zimt hinzufügen und 1 bis 2 Minuten braten. Brühe dazugießen und bei geschlossenem Deckel 10 Minuten köcheln lassen.
■ Wasser mit Speisestärke unter Rühren hinzufügen und das Ganze etwa 1 Minute eindicken lassen, dabei weiter rühren.
■ Inzwischen den Spinat für 1 bis 2 Minuten in einen großen Topf mit kochendem Wasser geben, damit er etwas zusammenfällt. Gut abtropfen.
■ Die Hälfte des Hackfleischs in eine große Auflaufform füllen und den Spinat darauf verteilen. Eine Lage Kartoffeln darüberschichten, gefolgt von dem restlichen Hackfleisch. Mit einer Lage Kartoffeln bedecken – die Scheiben sollten sich dabei leicht überschneiden. Kartoffeln mit geschmolzener Butter oder Margarine bestreichen.
■ Mit Alufolie zugedeckt im Ofen etwa 1½ Stunde backen, bis die Kartoffeln weich sind.

Rindergulasch

In diesem Gulasch steckt viel essenzielles Eisen. Wenn Sie bereits Kinder haben, profitieren auch diese davon, besonders Kleinkinder, die zu Eisenmangel tendieren. Reichen Sie dazu Kartoffeln und einen Salat.

Vorbereitung: **10 Minuten**
Zubereitung: **1½ Stunden**
Portionen: **2–3**

Enthält **Beta-Karotin, Eisen, Eiweiß** und **Vitamin C**

1 EL Rapsöl
1 Zwiebel, geschält und grob gehackt
1 EL Paprika
1 EL Mehl
Salz und schwarzer Pfeffer
350 g magerer Rindergulasch
1 Stange Lauch, geputzt, in 2-cm-Stücken
2 große Möhren, geschält und in Scheiben geschnitten
300 ml passierte Tomaten oder 1 Dose gehackte Tomaten (410 g), durch ein Sieb gestrichen
200 ml Wasser

■ Backofen auf 160 °C vorheizen.
■ Öl in einer großen Pfanne erhitzen und Zwiebel bei schwacher Hitze 2 bis 3 Minuten braten.
■ Inzwischen Paprika, Mehl und Gewürze in eine große Plastikbox füllen. Das Fleisch dazugeben und schütteln, um es mit Mehl und Gewürzen zu überziehen.
■ Fleisch in die Pfanne geben und kurz unter die Zwiebelstücke rühren. Das Ganze in einen Schmortopf füllen und Lauch, Möhren, passierte Tomaten und Wasser hinzufügen. Gut durchrühren und Deckel schließen. Im Backofen 1½ Stunde garen.
■ Noch einmal durchrühren und abschmecken.

Englisches Rinder-Stew mit Stout

Dem Stout sagt man seit jeher nach, es fördere die Muttermilchproduktion – ein guter Grund also, einen großen Topf voll zu kochen und Portionen für die Zeit nach der Geburt einzufrieren.

Vorbereitung: **10 Minuten**
Zubereitung: **1¾ Stunden**
Portionen: **4**

Enthält **Eisen, Eiweiß, Vitamin B_{12}** und **Zink**

1 EL Mehl
½ TL Paprika
600 g Rindergulasch
2 Gemüsezwiebeln, geschält und in Scheiben geschnitten
400 ml Stout (dunkles englisches Bier)
1 EL Worcestersauce
150 g junge Champignons
Salz und schwarzer Pfeffer

■ Backofen auf 160 °C vorheizen.
■ Mehl, Paprika und Gewürze in eine große Plastikbox füllen. Das Fleisch dazugeben und schütteln, um es mit Mehl und Gewürzen zu überziehen.
■ Zwiebelscheiben mit dem Fleisch in einen großen Schmortopf geben, mit Stout begießen und Worcestersauce hinzufügen. Umrühren, Deckel schließen und im Backofen 1½ Stunden garen.
■ Aus dem Ofen nehmen, Champignons hinzufügen und gut durchrühren. Für weitere 30 bis 40 Minuten in den Ofen stellen.
■ Reichen Sie dazu Backofenkartoffeln oder einen Kartoffel-Apfel-Auflauf (siehe S. 119).

SALATE und GEMÜSE

Knackige Salate · Buntes Gemüse

Knackige Salate

Rotkohlsalat

Wenn Sie bei Kohlsalat sofort an Krautsalat mit dicker Sauce denken, werden Sie sich wundern: Dieser Rotkohlsalat ist sehr bunt, frisch und knackig. Rotkohl enthält neben Ballaststoffen und Vitamin C das Antioxidans Lycopen, das Ihnen mit seiner enormen Schutzwirkung im gesamten Organismus gut tut, wenn Sie sich von der Geburt erholen.

Zubereitung: **10 Minuten** Ⓥ
Portionen: **4 (als Beilagensalat)**

Enthält **Ballaststoffe** und **Vitamin C**

2 knackige Äpfel, Kerngehäuse entfernt, gehackt
2 EL Zitronensaft
1/2 kleiner Rotkohl, in feine Streifen geschnitten
3 Klementinen oder Satsumas, geschält, Segmente halbiert
1 EL gehackte frische Petersilie
2 EL Rosinen

▪ Apfelstücke in Zitronensaft wälzen, damit sie nicht braun werden. Kohlstreifen, Apfel- und Klementinenstücke in eine Schüssel füllen.
▪ Petersilie und Rosinen hinzufügen und gut durchrühren. Kalt stellen oder sofort servieren.

Orientalischer Krautsalat

Dieser Krautsalat ist eine wahre Vitamin-C-Spritze. Er ist zudem fettarm und ideal zum Mitnehmen auf die Arbeit. Verwenden Sie immer wieder andersfarbige Paprikaschoten.

Zubereitung: **10–15 Minuten** Ⓥ
Portionen: **4**

Enthält **Ballaststoffe** und **Vitamin C**

½ Weißkohl, in feine Streifen geschnitten
½ Ananas, gewürfelt
100 g Sojabohnensprossen, gewaschen
½ orange Paprika, in feine Streifen geschnitten
1 Dose Wasserkastanien (140 g Abtropfgewicht), in Streifen geschnitten
Saft einer halben Zitrone
1 TL Honig
1 EL natriumarme Sojasauce

■ Weißkohl, Ananas, Sojabohnensprossen, Paprika und Wasserkastanien in eine große Schüssel füllen und mischen.
■ Für das Dressing Zitronensaft, Honig und Sojasauce mit dem Schneebesen verrühren. Über den Salat gießen und servieren.

Warmer grüner Salat

Dieser Salat ist eine ideale Beilage zu gegrilltem Fleisch oder Fisch, eignet sich aber auch ebenso gut als Vorspeise. Salatblätter, Frühlingszwiebeln und grüne Bohnen versorgen Sie mit Vitamin C und Folaten.

Vorbereitung: **5 Minuten** Ⓥ
Zubereitung: **5 Minuten**
Portionen: **2 (als Beilagensalat)**

Enthält **Ballaststoffe, Folate** und **Vitamin C**

1 TL Rapsöl
80 g grüne Bohnen, in 2-cm-Stücke geschnitten
1 grüne Chili, entkernt und fein gehackt
4 Frühlingszwiebeln, in 1-cm-Stücke geschnitten
4-6 große dunkelgrüne Blätter Romagna-Salat
Salz und schwarzer Pfeffer

■ Rapsöl im Wok oder in einer großen Pfanne erhitzen. Bohnen, Chili und Zwiebel darin auf großer Flamme 1 bis 2 Minuten unter häufigem Rühren braten.
■ Salatblätter zugeben und rühren, bis sie zusammenfallen. Abschmecken und sofort servieren.

Zuckererbsen-Bohnen-Salat mit Pesto

Da sich das Aroma dieses Salats am besten bei Raumtemperatur entfaltet, bereiten Sie ihn vor dem Servieren frisch zu. Die Zuckererbsen enthalten Vitamin C sowie viele sekundäre Pflanzen- und Ballaststoffe.

Vorbereitung: **10 Minuten** Ⓥ
Zubereitung: **5 Minuten**
Portionen: **4**

Enthält **Kalzium, Ballaststoffe, Folate, Eiweiß, Vitamin B** und **C** sowie **Zink**

150 g Zuckererbsenschoten
1 EL Pesto
10 sonnengetrocknete Tomaten in Öl, abgetropft und gehackt
250 g gemischte Bohnen aus der Dose, gewaschen und abgetropft
Schwarzer Pfeffer

■ In einem Topf Wasser zum Kochen bringen und die Zuckererbsenschoten 1 bis 2 Minuten kochen oder dünsten. In eine Schüssel mit eiskaltem Wasser tauchen und abtropfen lassen.
■ Pesto, gehackte Tomaten, Bohnen und Zuckererbsenschoten in einer Schüssel mischen und mit schwarzem Pfeffer würzen.

Warmer grüner Salat >

Birnen-Walnuss-Salat

Birnen mit roter Schale (z.B. Rote Willams) machen diesen Salat bunter, aber mit einer aromatischen grünen Sorte (z.B. Conference) schmeckt er ebenso gut. Apfelsaft und Thymian im Dressing geben dem Salat eine altenglische Note.

Zubereitung: **5 Minuten** (V)
Portionen: **2 (als Beilagensalat)**

Enthält **Vitamin C** und **E**

50 ml Apfelsaft
2 EL Olivenöl
1 EL Apfelessig
½ EL fein gehackter frischer Thymian
Feldsalat zum Anrichten
1 reife Birne mit roter Schale, in Spalten geschnitten
1 reife Avocado, in Spalten geschnitten
50 g Walnüsse, grob gehackt
Schwarzer Pfeffer

■ Für das Dressing Apfelsaft, Olivenöl, Apfelessig und Thymian in eine Schüssel geben und mit dem Schneebesen verrühren. Abschmecken.
■ Feldsalat auf Teller legen, Birnen- und Avocadospalten darauf arrangieren und mit gehackten Walnüssen bestreuen.
■ Dressing darübergießen und vor dem Servieren kräftig mit schwarzem Pfeffer würzen.

Zuckererbsen-Avocado-Salat

Dieser frische Salat vereint weiche Avocado und knackige Zuckererbsenschoten. Die Schoten sind eine hervorragende Vitamin-C- und Ballaststoffquelle und enthalten viele sekundäre Pflanzenstoffe. Der Salat ist rasch zubereitet.

Vorbereitung: **5 Minuten** Ⓥ
Zubereitung: **2 Minuten**
Portionen: **2**

Enthält **Ballaststoffe** sowie **Vitamin A, B_6, C** und **E**

100 g Zuckererbsenschoten
1 EL Olivenöl
1 EL Zitronensaft
1 EL gehackte frische Basilikumblätter
½ TL klarer Honig
1 Avocado
Rukola oder Feldsalat zum Anrichten
Schwarzer Pfeffer

■ Wasser in einem mittelgroßen Topf zum Kochen bringen und Zuckererbsenschoten darin 1 bis 2 Minuten kochen oder dünsten. In eine Schüssel mit eiskaltem Wasser tauchen und abtropfen lassen.
■ Für das Dressing Olivenöl, Zitronensaft, gehacktes Basilikum und Honig mit dem Schneebesen in einer kleinen Schüssel verrühren. Mit schwarzem Pfeffer abschmecken.
■ Avocado würfeln und vorsichtig unter das Dressing heben.
■ Salatblätter auf dem Teller arrangieren, mit Zuckererbsenschoten belegen und Avocadowürfel mit dem Dressing darüber gießen. Würzen und sofort servieren.

Bulgur-Kürbiskern-Salat

Der Estragon verleiht diesem Salat eine leichte Anisnote. Er passt sehr gut zu gegrilltem Fleisch und geröstetem Gemüse und hält sich ein bis zwei Tage im Kühlschrank. Bulgur ist ein vorgegarter Hartweizengrieß, den Sie in türkischen Lebensmittelläden bekommen.

Vorbereitung: **5 Minuten** Ⓥ
Zubereitung: **10–15 Minuten**
Portionen: **2–3**

Enthält **Ballaststoff, Eisen, Magnesium, Selen** und **Zink**

50 g Kürbiskerne
150 g Bulgur
2 EL gehackter frischer Estragon
Salz und schwarzer Pfeffer

■ Backofen auf 200 °C vorheizen.
■ Kürbiskerne auf einem Backblech ausbreiten und 8 bis 10 Minuten knusprig rösten. Abkühlen lassen.
■ Bulgur und eine Prise Salz in einen Topf mit 500 ml kaltem Wasser geben und zum Kochen bringen. Im geschlossenen Topf 10 bis 15 Minuten köcheln lassen, bis der Grieß weich ist. Er sollte in dieser Zeit das Wasser vollständig aufgesaugt haben. Bei Bedarf beim Kochen mehr Wasser zugeben oder am Ende der Kochzeit überschüssiges Wasser abgießen.
■ Bulgur abkühlen lassen und mit der Gabel auflockern.
■ Estragon und Kürbiskerne unterrühren und abschmecken.

Salatsaucen-Variationen

Immer nur Vinaigrette oder Sahnesauce? Experimentieren Sie doch mit Kräutern und Säften, die viel Geschmack geben, und machen Sie Ihre Dressings selbst. Von selbst hergestellter Mayonnaise sollten Sie allerdings lieber die Finger lassen, da sie mit Rohei angerührt wird. Weichen Sie notfalls auf Diät-Mayonnaise ohne Ei aus. Auch Dressings mit Reifkäse sollten Sie meiden. Hier nun einige interessante Alternativen:

Kartoffelsalat mit Pfefferminze

Wie wäre es mit Kartoffelsalat ohne Mayonnaise? Geben Sie zu Ihrer Lieblingsvinaigrette gehackte frische Pfefferminzblätter und gießen Sie sie über heiße, gekochte und gut abgetropfte Kartoffeln. Vor dem Servieren im Dressing abkühlen lassen.

Zitronen-Ingwer-Dressing

Viel Vitamin C ist im Spiel, wenn Sie den Saft einer halben Zitrone und einer Orange mit 4 EL Olivenöl und 1 TL klarem Honig verrühren. Etwas geriebenen Ingwer dazugeben und zu Paprika- oder Blattsalat reichen.

Knackige Variationen

Streuen Sie immer einige Nüsse oder Kerne auf Ihren Salat, um ihn mit essenziellen Mineralien und Fettsäuren anzureichern. Beim Rösten gut aufpassen, da sie wegen ihres hohen Fettgehalts leicht verbrennen!

Joghurt-Dressing

Dieses Dressing ist fettarm: Naturjoghurt mit gehacktem Schnittlauch, Petersilie oder anderen Kräutern (nach Belieben) verrühren und würzen. Dazu eine Prise Zucker und etwas geriebene Limonenschale – sehr erfrischend!

Walnuss-Dressing

4 EL Olivenöl mit 2 EL Sherry-Essig, 1/2 TL Zucker und 50 g gehackten Walnüssen verrühren. Mit schwarzem Pfeffer abschmecken.

Schwarze Oliven

Mit schwarzen Oliven bekommen Salate mehr Farbe und Geschmack. Sie sind jedoch wegen Ihres hohen Salzgehalts nur sparsam zu verwenden. Aus entsteinten schwarzen Oliven, Bulgur und gehackten Tomaten bereiten Sie einen interessanten griechischen Salat zu. Gehackten Schnittlauch, Pfefferminze, etwas Olivenöl und einen Spritzer Zitronensaft hinzufügen und gut durchrühren.

Zubereitungstipps

Bereiten Sie Salate immer ganz frisch und erst kurz vor dem Essen zu, damit möglichst viel Vitamin C erhalten bleibt. Verwenden Sie immer wieder andere Obst- und Gemüsesorten. Alle Zutaten müssen vor der Zubereitung sorgfältig gewaschen werden. Möglichst unbehandelte Produkte kaufen und diese nicht schälen, um keine Nährstoffe zu vergeuden.

Buntes Gemüse

Kartoffel-Apfel-Auflauf

Kartoffeln, Äpfel und Wacholderbeeren sind eine gelungene Kombination – Letztere sollten wegen ihres interessanten Aromas in keiner Küche fehlen. Dieses milde nahrhafte Beilagengericht ist bei Sodbrennen hilfreich, sehr gesund und zudem bestens geeignet, Sie aufzubauen, wenn Sie mal einen Durchhänger haben.

Vorbereitung: **10 Minuten** (V)
Zubereitung: **1 1/2 Stunden**
Portionen: **4–6**

Enthält **Kalzium** und **Vitamin C**

4-6 mittelgroße Kartoffeln, geschält und in dünne Scheiben geschnitten
2 knackige Äpfel (z. B. Braeburn), Kerngehäuse entfernt, in dünne Scheiben geschnitten
125 ml Sahne
275 ml fettarme Milch
(6 Wacholderbeeren, zerdrückt)
1 TL geriebene Muskatnuss
Salz und schwarzer Pfeffer
Öl oder Butter zum Einfetten

■ Backofen auf 180 °C vorheizen. Eine große Auflaufform einfetten.
■ Kartoffeln und Äpfel abwechselnd in die Form schichten. Sahne und Milch mischen, Wacholderbeeren, 1/2 TL geriebene Muskatnuss zugeben und würzen. Über die Kartoffeln und Äpfel gießen.
■ Restliche geriebene Muskatnuss darüberstreuen. Auflauf mit Alufolie zudecken und 1 Stunde im Ofen backen.
■ Herausholen, mit Sud begießen und ohne Folie zurück in den Ofen stellen. Weitere 30 Minuten backen, bis Kartoffeln und Äpfel weich sind und der Auflauf obendrauf goldbraun ist.

Ratatouille

Ratatouille

Nichts ist einfacher als ein Eintopfgericht mit frischem mediterranen Gemüse. Ratatouille hat einen hohen Nährwert, hält sich in der Frischebox ein bis zwei Tage im Kühlschrank und lässt sich gut einfrieren. Sie eignet sich als Gemüsebeilage und wird zusammen mit Reis zur ganzen Mahlzeit. Oder Sie überbacken das Gemüse mit Käse und reichen dazu knuspriges Brot.

Vorbereitung: **15 Minuten** (V)
Zubereitung: **1 Stunde**
Portionen: **4**

Enthält **Beta-Karotin, Ballaststoffe** und **Vitamin C**

2 EL Olivenöl
1 Zwiebel, geschält und längs in Scheiben geschnitten
2 Knoblauchzehen, geschält und zerdrückt
1 mittelgroße Aubergine, gewürfelt
2 mittelgroße Zucchini, in dicke Scheiben geschnitten
250 g gemischte gehackte Paprika
1 große Dose passierte Tomaten (680 g)
6 frische Tomaten, gehäutet und in Scheiben geschnitten
4 Stängel frischer Oregano, zusätzlich etwas zum Garnieren
Salz und schwarzer Pfeffer

■ Olivenöl in einem großen Topf erhitzen und Zwiebel und Knoblauch darin auf kleiner Flamme 5 Minuten braten. Auberginewürfel hinzufügen und weitere 5 Minuten braten, dabei häufig umrühren.
■ Zucchini unterrühren und bei schwacher Hitze 10 Minuten garen, gelegentlich umrühren.
■ Paprika, passierte und frische Tomaten hinzufügen. Mit Salz, Pfeffer und Oregano würzen. Im geschlossenen Topf 30 bis 40 Minuten köcheln lassen, bis das Gemüse weich ist. Mit Oregano garniert servieren.

Röstis mit Limonendressing

Vorbereitung: **10 Minuten** (V)
Zubereitung: **10 Minuten**
Portionen: **4**

Enthält **Beta-Karotin** und **Vitamin C**

Für das Dressing

4 EL Crème fraîche
Saft und geriebene Schale einer großen Limone

Für die Röstis

200 g Steckrüben, geschält und grob gerieben
1 große Kartoffel, geschält und grob gerieben
1 großer Apfel (Cox Orange), geschält und grob gerieben
Saft einer Limone
1 TL gehackter frischer Estragon
2 EL Mehl
Raps- oder Olivenöl zum Braten
Salz und schwarzer Pfeffer

■ Backofen auf 140 °C vorheizen.
■ Crème fraîche und Limonensaft verrühren. Nach Belieben würzen und das Dressing in den Kühlschrank stellen.
■ Steckrüben-, Kartoffel- und Apfelraspel in eine Rührschüssel geben. Mit Limonensaft beträufeln und mit Estragon bestreuen. Mehl zugeben und würzen. Gut mischen.
■ Etwas Öl in einer Pfanne erhitzen. Je einen Löffel der Masse hineingeben und plattdrücken. Bei schwacher Hitze 5 Minuten von jeder Seite goldbraun braten, dabei vorsichtig wenden. Wenn alle Röstis fertig sind, mit Limonendressing beträufeln und servieren.

Röstis mit Limonendressing >

Spargel
Brokkoli
Möhren
Paprika
Spinat
Tomaten

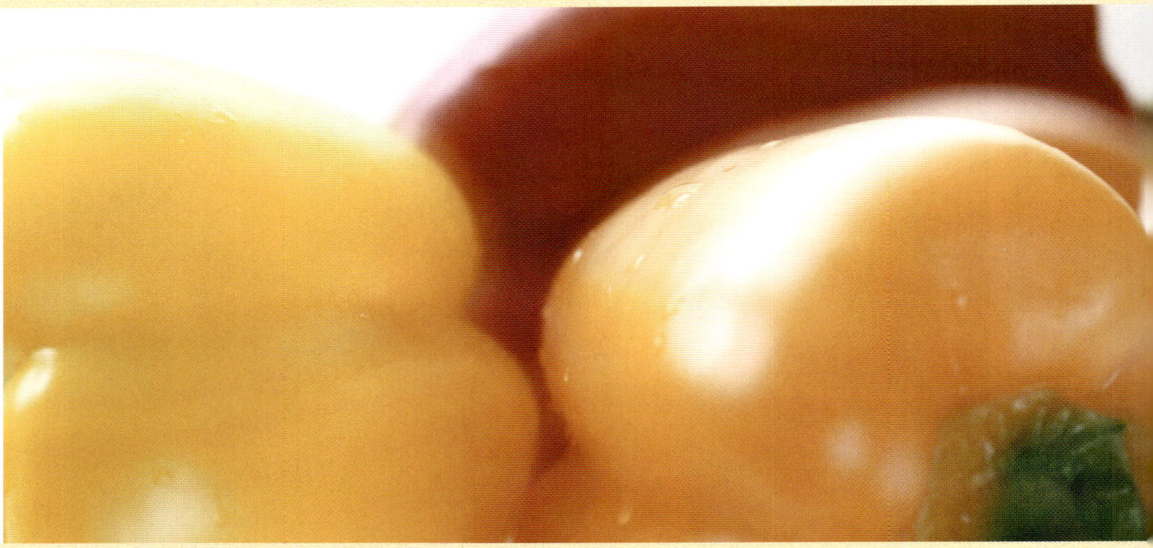

Gemüse

Gemüse hat einen sehr geringen Fettgehalt, aber viele Ballaststoffe, Vitamine, Mineralien und sekundäre Pflanzenstoffe und ist damit ein Schlüsselbaustein der gesunden Ernährung. Aber auch hier kommt es auf die Ausgewogenheit an – greifen Sie daher regelmäßig zu unterschiedlichen Sorten.

Spargel ist reich an Folaten und ideal im frühen Schwangerschaftsstadium. Probieren Sie z.B. die Pizza mit Champignons, Spargel und Rukola auf Seite 67.

Brokkoli ist eine der nährstoffreichsten Gemüsesorten, denn er enthält viel Vitamin C, Folate, Beta-Karotin und Ballaststoffe, dazu Eisen und Kalzium. Um die Nährstoffe zu erhalten, dünstet man Brokkoli am besten oder gart ihn in der Mikrowelle. Er eignet sich auch gut zu Suppen wie z.B. der Brokkoli-Pfefferminz-Suppe (siehe S. 61). Manche Babys, die gestillt werden, reagieren empfindlich auf Brokkoli und andere Kohlsorten. Falls Ihr Baby nach dem Stillen Unwohlsein signalisiert, ersetzen Sie Brokkoli in der Stillzeit durch ein anderes Gemüse, das reich an Vitamin C ist.

Möhren sind eine der besten Quellen für Beta-Karotin, das unerlässlich für viele Wachstumsprozesse Ihres Babys ist und zudem ein wichtiges Antioxidans zum Schutz des Immunsystems. Essen Sie Möhren mit einem Dip dazu oder raspeln Sie welche in den Salat, z.B. zusammen mit Rosinen, Rote Bete und Sojabohnensprossen. Möhren eignen sich mit ihrer natürlichen Süße auch sehr gut für Kuchen, Aufläufe und Suppen.

Paprika enthält viel Vitamin C, und die roten und orangen Schoten sind überdies besonders reich an Beta-Karotin. Mit einer halben roten Paprikaschote, die etwa 110 mg Vitamin C enthält, ist bereits der Tagesbedarf gedeckt. Verwenden Sie Paprika in Salaten und Gemüsereis oder als Knabberei zu Dips. Leckere Vorspeisen sind der Tomaten-Paprika-Auflauf in Blätterteig (siehe S. 70) oder die Rote-Paprika-Paste (siehe S. 65).

Spinat wird zwar wegen seines Eisengehalts gerühmt, enthält aber auch Phytate, von denen die Eisenaufnahme beeinträchtigt wird. Spinat ist eine gute Quelle für Kalzium und Beta-Karotin und enthält auch wertvolle Mengen Folate. Probieren Sie junge Spinatblätter in Salaten, in Fleischgerichten (z.B. Rindfleisch-Spinat-Auflauf, siehe S. 110) oder in Suppen (z.B. Spinatsuppe mit Kreuzkümmel, siehe S. 58).

Tomaten sind reich an Vitamin C, Beta-Karotin und dem Antioxidans Lycopen und sollten daher ein fester Bestandteil Ihrer Ernährung sein. Lassen Sie die Tomaten noch ein bis zwei Tage auf dem Fensterbrett nachreifen, dann können sie mehr Süße und Nährstoffe entwickeln. Ihr Aroma entfalten Sie am besten bei Raumtemperatur. Tomaten sind extrem vielseitig und roh oder gekocht von großem Nutzen für Sie und Ihr Baby.

Kartoffel-Rote-Bete-Salat

Rote Bete enthält überraschend viel Folate, eine große Knolle etwa 0,19 mg. Diesen warmen Salat kann man ohne weitere Beilagen servieren, er passt aber auch hervorragend zu gegrilltem Hähnchen oder Fisch.

Vorbereitung: **10 Minuten** (V)
Zubereitung: **15 Minuten**
Portionen: **2–4**

Enthält **Beta-Karotin, Ballaststoffe, Folate, Kalium** und **Vitamin C**

Für den Salat

8 kleine Kartoffeln, gründlich geputzt
2 mittelgroße Möhren, geschält
2 große gekochte Rote Beten
25 g Rukola, gewaschen
Einige Salatblätter, gewaschen und in Stücke gezupft

Für das Dressing

Saft und geriebene Schale einer Orange
1 EL Olivenöl
1 TL roter Weinessig
1 TL Sojasauce
110 g Wasserkastanien, gewaschen und abgetropft

■ Kartoffeln ca. 15 Minuten in kochendem Wasser garen. Abgießen und etwas abkühlen lassen.
■ Für das Dressing geriebene Orangenschale, Öl, Essig, Orangensaft und Sojasauce in einer Schüssel verrühren. Wasserkastanien fein hacken und dazugeben. Umrühren und kalt stellen.
■ Inzwischen Möhren und Rote Bete grob reiben und mischen.
■ Rukola und Salatblätter auf einen Teller legen, Möhren- und Rote-Bete-Raspeln darauf verteilen.
■ Die noch warmen Kartoffeln pellen, in dicke Scheiben schneiden und auf die anderen Zutaten legen.
■ Mit Dressing übergießen und sofort servieren.

Brokkoli, Blumenkohl und Stangensellerie in Zitronendressing

Wenn Sie einfaches Brokkoligemüse satt haben und auch Blumenkohl mit Käsesauce Sie nicht reizt, probieren Sie doch einmal dieses Beilagengericht. Es ist reich an Vitamin C.

Vorbereitung: **8 Minuten** (V)
Zubereitung: **7–8 Minuten**
Portionen: **2**

Enthält **Beta-Karotin, Ballaststoffe** und **Vitamin C**

Für den Salat

2 große Selleriestangen, schräg in 3-cm-Stücke geschnitten
4 Röschen Blumenkohl
4 Röschen Brokkoli

Für das Dressing

Saft einer halben Zitrone
1 TL Korianderkörner, grob gemahlen
1 TL dünnflüssiger Honig
2 EL Rapsöl
Salz und schwarzer Pfeffer

■ Stangensellerie, Blumenkohl und Brokkoli im Dünsteinsatz über kochendem Wasser 7 bis 8 Minuten weich dünsten.
■ Inzwischen alle Dressingzutaten in ein Gefäß geben, Deckel schließen und gut schütteln.
■ Das Gemüse mit Dressing übergießen und sofort servieren.

Rosenkohl mit Pancetta

Das würzige Pancetta-Aroma macht den Rosenkohl auch für widerwillige Gemüseesser interessant. Rosenkohl ist sehr reich an Folaten und daher vor und während der Schwangerschaft eine exzellente Wahl.

Vorbereitung: **10 Minuten** (V)
Zubereitung: **10 Minuten**
Portionen: **4**

Enthält **Ballaststoff, Folate** sowie **Vitamin B_1** und **C**

70 g Pancetta (luftgetrockneter Speck), gewürfelt
20 Rosenkohl-Röschen, geputzt
100 ml Gemüsebrühe

■ Eine Bratpfanne erhitzen und den Pancetta im eigenen Fett bei kleiner Hitze 5 Minuten leicht anbraten.
■ Rosenkohl und Gemüsebrühe zugeben. Im geschlossenen Topf 7 bis 8 Minuten garen.
■ Brühe abgießen und Rosenkohl mit Pancetta-Würfeln garniert servieren.

NACHSPEISEN UND EXTRAS

Desserts · Kuchen und Gebäck

Desserts

Winter-Obstsalat

Verwenden Sie für dieses Rezept kein eingewecktes Obst, da es den Orangen- und Ingwergeschmack nicht so gut annimmt wie Trockenobst. Der im Ingwerwein enthaltene Alkohol verdunstet beim Aufkochen, ist also kein Problem.

Vorbereitung: 10 Minuten (V)
Einlegen: über Nacht
Portionen: 4–6

Enthält **Beta-Karotin, Kalzium, Ballaststoffe, Eisen** und **Vitamin C**

200 ml Ingwerwein
500 g gemischte Trockenfrüchte (Aprikosen, Birnen, Pfirsiche, Pflaumen, Feigen, Äpfel)
400 ml frisch gepresster Orangensaft

- Ingwerwein in einen Topf gießen und zum Kochen bringen. Vom Herd nehmen.
- Trockenfrüchte in eine Frischhaltebox geben, mit Ingwerwein und Orangensaft übergießen.
- Deckel schließen und über Nacht in den Kühlschrank stellen, damit die Früchte sich vollsaugen und den Geschmack von Ingwerwein und Orangensaft annehmen.

Dessertsaucen

Desserts, besonders Fruchtdesserts, bringen Abwechslung auf den Tisch und liefern Energie und Vitamine, ohne dabei zwangsläufig kalorien- oder fettreich zu sein. Mit Sahne und Eis ist das natürlich etwas anderes. Gelegentlicher Genuss schadet gewiss nicht. Hier einige Rezeptvorschläge – natürlich mit gesunden Nährstoffen.

Blaubeeren-Limonen-Sauce

250 g Blaubeeren mit 1 EL Zucker und dem Saft einer halben Limone in einem Topf weich dünsten und anschließend im Mixer fein pürieren. Eignet sich als Sauce zu Nachspeisen, Sorbet, pochiertem Obst oder Joghurt.

Joghurt-Ahornsirup-Sauce

200 ml flüssigen Naturjoghurt mit 1 EL Ahornsirup und 1/4 TL Vanille-aroma verrühren. Passt gut zu Obstsalat und Desserts aus dem Backofen.

Crème Anglaise

2 Eigelb mit 2 TL Speisestärke, 1/2 TL Vanillearoma, 1 EL Zucker und 150 ml Sahne verrühren. 300 ml Milch erhitzen und sehr heiß zu der Eiermischung gießen. In einem Topf Saft erhitzen, bis die Sauce eindickt. Zu Schokoladenpudding mit Datteln (siehe S. 132) und pochiertem Obst servieren.

Knuspermandeln

Aroma mit Biss: Bestreuen Sie Desserts mit kalziumreichen Mandelsplittern.

Obstsalat mit Erdbeeren, Birnen und Passionsfrucht

Für dieses leichte, erfrischende Dessert sollten Sie besonders saftige und süße Birnen auswählen.

Zubereitung: **15 Minuten** Ⓥ
Kühlen: **30 Minuten**
Portionen: **4**

Enthält **Ballaststoffe** und **Vitamin C**

3 große Birnen (z.B. Conference)
Saft einer halben Zitrone
250 g Erdbeeren
4 Passionsfrüchte

■ Birnen über einer großen Schüssel schälen, um den Saft aufzufangen. Kerngehäuse entfernen und Fruchtfleisch würfeln. Mit Zitronensaft beträufeln.
■ Erdbeeren waschen und entstielen. Kleinere halbieren und größere vierteln.
■ Erdbeeren mit den Birnen mischen. Passionsfruchtfleisch darüber verteilen und vor dem Servieren 30 Minuten kalt stellen.

Papaya-Ananas-Spießchen vom Grill

Dieses karibische Dessert kann roh oder gekocht serviert werden. Sie können die Spießchen im Backofen grillen oder auch auf dem Feuer.

Vorbereitung: **5 Minuten**
Zubereitung: **10 Minuten** Ⓥ
Portionen: **2**

Enthält **Beta-Karotin** und **Vitamin C**

1 TL klarer Honig
2 EL Limonensaft
1/2 TL geriebene frische Ingwerwurzel
1 TL brauner Rohrzucker
1/2 mittelgroße Papaya, geschält und grob gewürfelt
2 Scheiben frische Ananas, gewürfelt

■ Grill auf höchster Stufe vorheizen. Honig, Limonensaft, Ingwer und Zucker in einer Schüssel verrühren und die Obstwürfel vorsichtig darin wälzen. Anschließend auf zwei Metallspieße verteilen und mit der restlichen Marinade bestreichen.
■ Die Spieße etwa 10 Minuten grillen, dabei ein bis zweimal wenden, bis die Früchte heiß und leicht braun sind. Sofort servieren.

Mango-Passionsfrucht-Sahnecreme

Mangos liefern Beta-Karotin in Hülle und Fülle – eine wunderbare Ausrede für dieses sahnige, aber dennoch leichte Dessert.

Zubereitung: **15 Minuten** Ⓥ
Portionen: **4**

Enthält **Beta-Karotin, Ballaststoffe** und **Vitamin C**

2 reife Mangos, geschält und gewürfelt
Geriebene Schale einer Limone
Saft einer halben Limone
3 Passionsfrüchte
150 ml Sahne
Dessertwaffeln zum Anrichten

■ Mangos im Mixer glatt pürieren. Limonenschale und -saft zugeben.
■ Passionsfrüchte durch ein Sieb in eine Schüssel streichen und mit dem Mangopüree verrühren.
■ Sahne schlagen und vorsichtig unter das Fruchtpüree heben. In hohe Gläser füllen und vor dem Servieren kalt stellen. Mit Dessertwaffeln garniert servieren.

Aprikosen-Dessert mit Baiser

Dieses Dessert ist schnell zubereitet und eignet sich bestens zum Einfrieren. Man kann den Baiser auch weglassen oder durch Mandelmakronen ersetzen.

Vorbereitung: **10 Minuten** Ⓥ
Einweichen: **über Nacht**
Portionen: **4**

Enthält **Beta-Karotin** und **Kalzium**

250 g getrocknete Aprikosen
150 ml kochendes Wasser
150 ml Orangensaft
125 g Mascarpone
75 g Naturjoghurt
50 g Baiser (Schaumgebäck), zerkrümelt

■ Aprikosen in eine Schüssel füllen, mit kochendem Wasser begießen und über Nacht einweichen lassen.
■ Aprikosen, Restflüssigkeit und Orangensaft in den Mixer geben und fein pürieren. Mascarpone und Joghurt hinzufügen und gut vermischen.
■ Baiserkrümel unterheben und in vier hohe Gläser füllen.
■ Vor dem Servieren kalt stellen.

< Papaya-Ananas-Spießchen vom Grill

Aprikosen-Mandel-Torte

Wenn Sie Freunde zum Essen eingeladen haben, empfiehlt sich dieser unkomplizierte Nachtisch. Wenn es besonders schnell gehen soll, verwenden Sie Fertig-Mürbeteig aus dem Kühlregal.

Vorbereitung: **20 Minuten** (V)
Teig kalt stellen: **25 Minuten**
Zubereitung: **35–40 Minuten**
Portionen: **4–6**

Enthält **Beta-Karotin, Kalzium** und **Eiweiß**

Für den Teig

150 g gesiebtes Weizenmehl
75 g weiche Butter
25 g feiner Zucker
2 mittelgroße Eigelb

Für den Belag

25 g Butter
25 g feiner Zucker
1 mittelgroßes Ei
175 g Mascarpone
1 TL Mandelaroma
Aprikosenhälften aus der Dose (415 g), abgetropft
1 EL Mandelsplitter
Puderzucker zum Bestäuben
(Rote Johannisbeeren zum Garnieren)

■ Backofen auf 180 °C vorheizen.
■ Für den Teig Mehl und Butter in einer Schüssel zu einer Streuselmasse kneten.
■ Zucker und Eigelb zugeben, mit dem Palettenmesser durchhacken und rasch zu einem weichen Teig kneten. In Frischhaltefolie gewickelt 25 Minuten im Kühlschrank ruhen lassen.
■ Inzwischen die Füllung zubereiten: Butter und Zucker schaumig schlagen und das Ei mit dem Schneebesen einrühren. Mascarpone und Mandelaroma untermischen.
■ Teig ausrollen und eine flache Kuchenform (20 x 12 cm) damit auslegen.
■ Füllung hineingießen, Aprikosen darauf verteilen und mit Mandelsplittern bestreuen. 35 bis 40 Minuten im Ofen backen, bis die Füllung fest ist. Wenn sie zu schnell braun wird, in den letzten Minuten der Backzeit mit Alufolie bedecken.
■ Vor dem Servieren abkühlen lassen, aber nicht kalt stellen. Mit Puderzucker bestäuben und nach Belieben mit roten Johannisbeeren garnieren.

Tipp

Diesen Kuchen können Sie auch in einer runden Form mit 23 cm Durchmesser backen. Wenn die Füllung fester werden soll, geben Sie 50 g Mehl, gemischt mit einer Messerspitze Backpulver, dazu und backen den Kuchen in einer runden Form mit 25 cm Durchmesser.

Johannisbeer-Mascarpone-Surprise

Dieses Dessert ist wahrhaft außergewöhnlich: Aromatische Johannisbeeren überbacken mit einer Teighaube und Mascarpone mit Limonenaroma.

Vorbereitung: **20 Minuten** Ⓥ
Zubereitung: **30–40 Minuten**
Portionen: **4**

Enthält **Ballaststoffe** und **Vitamin C**

Sonnenblumenöl zum Einfetten
300 g schwarze Johannisbeeren, gewaschen und entstielt
200 g rote Johannisbeeren, gewaschen und entstielt
115 g feiner Zucker
125 g Mascarpone
Geriebene Schale einer Limone
250 g Weizenmehl, gesiebt
1/2 Päckchen Backpulver
50 g Sonnenblumenmargarine
Geriebene Schale und Saft einer Zitrone
100 ml fettarme Milch
15 g brauner Rohrzucker
Crème légère oder griechischer Joghurt

■ Backofen auf 180 °C vorheizen. Eine tiefe Auflaufform dünn mit Sonnenblumenöl einfetten.
■ Schwarze und rote Johannisbeeren und 50 g feinen Zucker in einen mittelgroßen Topf geben und 10 Minuten weich dünsten. In die Auflaufform füllen.
■ Mascarpone, Liomonenschale und 25 g feinen Zucker in einer Schüssel mischen.
■ In einer weiteren Schüssel Mehl und Backpulver mit der Margarine zu einer Streuselmasse verarbeiten. Restlichen Zucker, Zitronensaft- und schale hinzufügen. Milch einrühren und zu einem klebrigen Teig verarbeiten.
■ Mascarponemischung löffelweise auf die Früchte in der Auflaufform verteilen, dann den Teig.
■ Mit Rohrzucker bestreuen und 30 bis 40 Minuten im Ofen backen. Etwas abkühlen lassen und mit Crème légère oder griechischem Joghurt servieren.

Birnen-Ingwer-Taschen

Diese wohlschmeckenden, leichten Taschen eignen sich als Dessert und Snack. Das Rezept ist für eine Tasche berechnet, damit Sie ganz nach Bedarf backen können.

Vorbereitung: **15 Minuten** (V)
Zubereitung: **20 Minuten**
Ergibt: **1 Tasche**

Enthält **Ballaststoffe** und **Vitamin E**

2 Platten Blätterteig
½ große reife Birne, quer in Scheiben geschnitten
1 TL Pinienkerne
1 Prise Zimt
½ TL brauner Zucker
½ TL Ahornsirup
Etwas gehackte Ingwerwurzel
Raps- oder Sonnenblumenöl zum Bestreichen
Puderzucker zum Garnieren

- Backofen auf 200 °C vorheizen.
- Blätterteigplatten ausrollen, aufeinander legen und die obere dünn mit Öl bepinseln.
- Die Birne mit 3 cm Abstand vom unteren Rand auf den Teig legen und die anderen Zutaten darübergeben.
- Den unteren Rand hochklappen, dann den linken und rechten Rand einschlagen und das Ganze zusammenrollen.
- Die Tasche auf ein Backblech setzen und dünn mit Öl bestreichen. 20 Minuten im Ofen goldbraun backen.
- Warm mit etwas Puderzucker garniert servieren.

Tipp

Ebenso lecker sind die Taschen mit einer Füllung aus 1 EL Ricotta mit ½ TL braunem Zucker sowie Kernen und Saft einer Passionsfrucht. Mit dieser Mischung bekommen Sie viel Beta-Karotin, Kalzium, Kalium und Vitamin A.

Pochierte Birnen mit Kardamom und Schokoladensauce

Birnen gehören zu den leicht verdaulichen Früchten und sind daher für jene Tage zu empfehlen, an denen Sie keinen rechten Appetit haben. Birnen und Sauce halten sich ca. ein bis zwei Tage im Kühlschrank.

Vorbereitung: **10 Minuten** (V)
Zubereitung: **1 Stunde**
Kalt stellen: **mindestens 1 Stunde**
Portionen: **6**

Enthält **Ballaststoffe**

6 große, feste, reife Birnen, geschält
Schale einer Zitrone
8 Kardamomschoten, leicht zerdrückt, aber noch ganz
500 ml Saft von weißen Weintrauben
100 g Milchschokolade, in Stücke gebrochen
25 g Butter
25 g weicher brauner Zucker
100 g Sahne

- Birnen in einen großen Topf geben, dazu Zitronenschale, Kardamomschoten und Traubensaft. Zum Kochen bringen und die Birnen in der Flüssigkeit wälzen. Im geschlossenen Topf etwa 1 Stunde weich pochieren, dabei die Früchte gelegentlich wenden.
- Birnen in eine Schüssel geben. Kardamomschoten und Zitronenschale entfernen und den Sud durch ein Sieb über die Birnen gießen. Mindestens 1 Stunde in den Kühlschrank stellen.
- Für die Sauce Schokolade, Butter, Zucker und Sahne in einen kleinen Topf geben, Saft erhitzen und zum Schmelzen bringen. Dabei ständig rühren.
- Zum Servieren die Birnen mit der Sauce begießen.

Pochierte Birnen mit Kardamom und Schokoladensauce >

Himbeer-Joghurt-Crème Brûlée

Himbeer-Joghurt-Crème Brûlée

Dieses Dessert ist fettärmer als eine klassische Crème Brûlée, denn die Sahne wird durch dicken griechischen Joghurt ersetzt. Die Himbeeren sind eine hervorragende Quelle für Ballaststoffe und sekundäre Pflanzenstoffe.

Vorbereitung: **15 Minuten** (V)
Zubereitung: **5 Minuten**
Portionen: **4**

Enthält **Kalzium**, **Ballaststoffe** und **Vitamin C**

350 g frische oder gefrorene Himbeeren
25 g feiner Zucker
750 ml griechischer Joghurt
75 g Zucker

- Backofengrill auf höchster Stufe vorheizen.
- Himbeeren in eine flache Auflaufform oder 4 Einzelförmchen geben und mit feinem Zucker bestreuen. Joghurt darüber verteilen und glattstreichen.
- Gleichmäßig mit 75 g Zucker bestreuen und etwa 5 Minuten im Ofen erhitzen, bis der Zucker sich verflüssigt und leicht braun wird. Achtung: Die Grillzeit ist je nach Gerät unterschiedlich.
- Nach Belieben erst kalt stellen oder sofort servieren.

Schokoladenpudding mit Datteln

Dieser Schokoladenpudding enthält nützliche, ballaststoffreiche Datteln.

Vorbereitung: **5 Minuten** (V)
Zubereitung: **6–7 Minuten**
Portionen: **6**

Enthält **Ballaststoffe**, **Eisen** und **Eiweiß**

75 g entsteinte Datteln, grob gehackt
150 ml kochendes Wasser
50 g brauner Zucker
2 mittelgroße Eier
50 g Sonnenblumenmargarine
100 g Weizenmehl
2 TL Backpulver
½ TL Zimt
25 g Kakao
Butter zum Einfetten
Vanilleeis zum Anrichten

- Datteln mit kochendem Wasser in den Mixer geben und fein pürieren. Zucker, Eier, Margarine, Mehl, Backpulver, Zimt und Kakao zugeben und nochmals fein pürieren.
- In eine gefettete (hitzebeständige) 1-Liter-Puddingform gießen, mit Alufolie zudecken, zweimal einstechen und in die Mikrowelle stellen.
- Auf 70 % 6 bis 7 Minuten kochen, bis der Pudding fest wird.
- Aus der Mikrowelle nehmen, einige Minuten abkühlen lassen und mit Vanilleeis servieren.

Panettone-Brot-Kuchen

Mit Panettone gelingt eine überaus köstliche Variante des klassischen englischen Brotauflaufs. Der Kuchen wird halb mit Weißbrot, halb mit Panettone gebacken, um ihn mit dem köstlichen Aroma des italienischen Gebäcks zu verfeinern.

Vorbereitung: **10 Minuten** Ⓥ
Zubereitung: **30–35 Minuten**
Portionen: **4**

Enthält **Kalzium, Ballaststoffe** und **Eiweiß**

Sonnenblumenöl zum Einfetten
3 Scheiben frisches Weißbrot
25 g Butter
4 runde Panettone-Scheiben
40 g Rosinen
3 Eier
300 ml fettarme Milch
25 g Zucker
Schlagsahne oder Crème fraîche

■ Backofen auf 180 °C vorheizen. Eine tiefe, runde Auflaufform dünn mit Sonnenblumenöl einfetten.
■ Weißbrot dünn mit Butter bestreichen. Jede Scheibe diagonal vierteln. Auch die Panettone-Scheiben vierteln.
■ Abwechselnd Weißbrot und Panettone in die Form schichten, dazwischen jeweils einige Rosinen streuen. Mit einer Lage Panettone abschließen.
■ Eier, Milch und Zucker mit dem Schneebesen verrühren und über die Zutaten in der Form gießen. 30 bis 35 Minuten im Backofen goldbraun backen.
■ Etwas abkühlen lassen und mit Schlagsahne oder Crème fraîche servieren.

Safran-Zitrone-Milchreis

Zitronen, Rosinen und Safran machen diesen Milchreis üppiger, doch er ist durchaus auch ohne ein Genuss – sollten Sie Lust auf eine ganz einfache, leichte Mahlzeit verspüren. Je mehr Fett die verwendete Milch enthält, desto kremig#ird der Milchreis.

Vorbereitung: **5 Minuten** Ⓥ
Zubereitung: **45 Minuten**
Portionen: **4**

Enthält **B-Vitamine, Kalzium** und **Ballaststoffe**

750 ml Milch
60 g Milchreis
50 g Zucker
50 g Rosinen
Geriebene Schale einer Zitrone
1 Vanilleschote
½ TL gemahlener Safran

■ Alle Zutaten in einen großen Topf geben und unter häufigem Rühren sanft zum Kochen bringen.
■ Im geschlossenen Topf 40 bis 45 Minuten köcheln lassen, bis der Milchreis dick und kremig ist. Gelegentlich umrühren.
■ Vanilleschote entfernen und servieren.

Panettone-Brot-Kuchen

Kuchen und Gebäck

Haferflockengebäck mit Pinienkernen und Ahornsirup

Mal was anderes: Die Gebäckstücke ziert ein feines Ahornsirup-Aroma. Sie spenden lang anhaltende Energie und die Haferflocken liefern zudem wertvolle Ballaststoffe. Das Gebäck ist in luftdichter Verpackung ungefähr eine Woche haltbar.

Vorbereitung: **5 Minuten** (V)
Zubereitung: **12–15 Minuten**
Ergibt: **20 Gebäckstücke**

Enthält **Ballaststoffe** und **Vitamin E**

Öl oder Butter zum Einfetten
100 g Sonnenblumenmargarine
75 g brauner Rohrzucker
50 g Pinienkerne
2 EL Ahornsirup
250 g Haferflocken

■ Backofen auf 200 °C vorheizen. Eine rechteckige Blechbackform (22 x 30 cm) einfetten.

■ Margarine und Zucker in eine Mikrowellenschüssel geben und 1 bis 2 Minuten auf 100 % schmelzen – oder in einem großen Topf auf dem Herd. Pinienkerne, Ahornsirup und Haferflocken einrühren und gut mischen.
■ Den Teig fest in die Backform drücken und in 12 bis 15 Minuten goldbraun backen.
■ Aus dem Ofen nehmen und 2 bis 3 Minuten abkühlen lassen. Mit einem scharfen Messer 20 Stücke anreißen und auskühlen lassen.
■ Aus der Form nehmen und in einem luftdichten Behälter lagern.

Preiselbeeren-Haferflocken-Plätzchen

Vorbereitung: **15 Minuten** (V)
Zubereitung: **10–12 Minuten**
Ergibt: **18 Plätzchen**

Enthält **Ballaststoffe** sowie **Vitamin C** und **E**

100 g Butter oder Sonnenblumenmargarine
75 g feiner Zucker
1 Eigelb
½ TL Vanillearoma
50 g getrocknete Preiselbeeren, grob gehackt
150 g Weizenmehl, gesiebt
50 g Haferflocken
Öl oder Butter zum Einfetten

■ Backofen auf 190 °C vorheizen.
■ Butter, Zucker und Ei mit dem Schneebesen schaumig schlagen. Vanillearoma und Preiselbeeren zugeben.
■ Mehl einrühren und das Ganze zu einem glatten Teig verarbeiten. Daraus 18 walnussgroße Kugeln rollen.
■ Haferflocken in eine Schüssel geben und die Kugeln darin wälzen. Haferflocken dabei leicht andrücken.
■ Die Kugeln auf ein gefettetes Backblech setzen und vorsichtig mit der Gabel flachdrücken. 10 bis 12 Minuten backen, bis sie leicht braun werden.
■ 5 Minuten ruhen lassen, dann auf einem Kuchengitter auskühlen lassen.

Schokoladenkuchen mit Pecannüssen vom Blech

Vorbereitung: **15 Minuten** (V)
Zubereitung: **30–35 Minuten**
Ergibt: **16 Stücke**

Enthält **Vitamin A, D** und **E** sowie **Zink**

Für den Kuchen

75 g Zartbitterschokolade
75 g Sonnenblumenmargarine
150 g hellbrauner Rohrzucker
1 TL Vanillearoma
2 Eier, verquirlt
75 g Pecannüsse oder Walnüsse, grob gehackt
100 g Mehl
1 TL Backpulver
1 Prise Salz

Für den Guss

60 g Zartbitterschokolade
75 g Puderzucker, gesiebt
1 TL Milch
1/2 Teelöffel Vanillearoma
2 EL gehackte Pecannüsse

■ Backofen auf 180 °C vorheizen. Eine quadratische Backform (20 x 20 cm) mit Backpapier auslegen.
■ Schokolade und Margarine in eine hitzebeständige Schüssel geben und im Wasserbad schmelzen.
■ Zucker, Vanillearoma und Eier zugeben und gut verrühren. Nüsse, Mehl und Backpulver einrühren und zu einer glänzenden Masse verarbeiten. In die Backform gießen.
■ 30 bis 35 Minuten im Ofen backen und in der Form abkühlen lassen.
■ Für den Guss Schokolade in eine hitzebeständige Schüssel geben und im Wasserbad schmelzen. Puderzucker, Milch und Vanillearoma einrühren. Gut durchrühren und auf dem ausgekühlten Kuchen verstreichen.
■ Mit gehackten Nüssen bestreuen und wenn der Guss fest ist, in kleine Quadrate schneiden.

Gefüllter Möhrenkuchen

Dieser außergewöhnliche Kuchen ist eine gesunde Sache, denn das in den Möhren enthaltene Beta-Karotin geht bei der Zubereitung nicht verloren. Fettärmer wird der Kuchen, wenn Sie die Füllung weglassen.

Vorbereitung: 15 Minuten (V)
Zubereitung: 40-45 Minuten

Enthält **Beta-Karotin, Ballaststoffe, Eiweiß** sowie **Vitamin B** und **D**

Für den Teig

400 ml Sonnenblumenöl
300 g hellbrauner Rohrzucker
6 große Eier, verquirlt
1 TL Vanillearoma
1 TL Piment
6 mittelgroße Möhren, fein gerieben (= 350 g Raspeln)
400 g Vollkornmehl
4 TL Backpulver
1 Prise Salz

Für die Füllung

30 g weiche Butter
40 g Frischkäse
1 EL Zitronensaft
150 g Puderzucker, zusätzlich etwas zum Bestäuben

■ Backofen auf 180 °C vorheizen. Zwei runde Blechkuchenformen (20 cm Durchmesser) mit Backpapier auslegen.
■ Öl in eine große Schüssel gießen und kräftig mit Zucker und Eiern verrühren. Vanillearoma, Piment und Möhren zugeben und gut durchrühren. Zum Schluss Mehl und Backpulver unterrühren.
■ Teig auf die beiden Formen verteilen und 40 bis 45 Minuten im Ofen backen.
■ Aus dem Ofen nehmen und 2 bis 3 Minuten abkühlen lassen. Dann aus den Formen nehmen und auf dem Kuchengitter abkühlen lassen.
■ Für die Füllung weiche Butter, Frischkäse, Zitronensaft und Puderzucker verrühren. Mit dem Messer auf einem der Böden verstreichen und den zweiten daraufsetzen.
■ Nach Belieben vor dem Servieren Puderzucker darüber sieben.

Bananen-Paranuss-Kuchen

Vorbereitung: 5 Minuten (V)
Zubereitung: 60–70 Minuten
Ergibt: einen 900-g-Laib

Enthält **Ballaststoffe, Eiweiß, Selen** sowie **Vitamin B_6** und **D**

150 g Sonnenblumenmargarine
150 g brauner Zucker
3 Bananen
3 Eier
150 g Vollkornmehl
2 TL Backpulver
½ TL Vanillearoma
1 Prise Salz
100 g Paranüsse, grob gehackt

■ Backofen auf 180 °C vorheizen. Eine Brotbackform mit Backpapier auslegen.
■ Alle Zutaten bis auf die Nüsse in den Mixer geben und zu einem glatten Teig verarbeiten. Paranüsse unterrühren.
■ Teig in die vorbereitete Form geben und 60 bis 70 Minuten backen. Mit einem Holzstäbchen in die Mitte des Kuchens stechen. Bleiben keine Krümel daran kleben, ist der Kuchen fertig.
■ 5 Minuten abkühlen lassen, dann aus der Form nehmen. Backpapier abziehen und auf dem Kuchengitter auskühlen lassen.

Zubereitung in der Schüssel

■ Bananen in einer Schüssel mit der Gabel gut zerdrücken.
■ In einer großen Rührschüssel Vanillearoma unter die Eier rühren, dann mit Butter und Zucker schaumig schlagen.
■ Bananenmus zugeben und stückweise Mehl, Backpulver und Nüsse untermischen, anschließend die Prise Salz. Teig in die vorbereitete Form füllen und wie oben angegeben backen.

Gefüllter Möhrenkuchen >

Cheddar-Stangensellerie-Plätzchen

Vorbereitung: **10 Minuten** (V)
Zubereitung: **12 Minuten**
Ergibt: **10 Plätzchen**

Enthält **B-Vitamine, Kalzium, Ballaststoffe** und **Eiweiß**

1 EL Olivenöl
2 Selleriestangen, fein gewürfelt
100 g Weizenmehl
100 g Vollkornmehl
½ Päckchen Backpulver
1 Stich Margarine oder Butter
75 g reifer Cheddar, gerieben
1 mittelgroßes Ei
125 ml fettarme Milch
Geriebener Parmesan oder Cheddar zum Bestreuen

■ Backofen auf 200 °C vorheizen und Backblech hineinschieben.
■ Öl in einer kleinen Pfanne erhitzen und Stangensellerie bei schwacher Hitze etwa 5 Minuten darin braten. Abkühlen lassen.
■ Mehl in einer Rührschüssel mischen und Backpulver zugeben. Margarine und Käse einarbeiten.
■ Mit dem Schneebesen Ei mit der Milch verquirlen und Stück für Stück in das Mehl rühren, bis ein weicher, nicht klebriger Teig entsteht. Restmilch zum Bepinseln der Plätzchen aufheben.
■ Den Teig 2 cm dick ausrollen und 10 Kreise mit 6 cm Durchmesser ausstechen.
■ Das heiße Blech aus dem Ofen holen, die Plätzchen darauf setzen und mit der Eiermilch bestreichen. Mit Käse bestreuen und 12 Minuten backen.
■ Auf dem Kuchengitter abkühlen lassen. Als Snack servieren oder mit einer Suppe als leichte Mahlzeit.

< Cheddar-Stangensellerie-Plätzchen

Dreikerne-Brot

Dreikerne-Brot

Vorbereitung: **15 Minuten** (V)
Gehen: **2 x 35–45 Minuten**
Zubereitung: **25–30 Minuten**
Ergibt: **2 Laibe**

Enthält **Ballaststoffe, Magnesium, Eiweiß** sowie **Vitamin B** und **E**

250 g dunkles Weizenmehl (Bauernbrotmehl)
250 g Vollkornmehl
½ TL Salz
50 g Sonnenblumenkerne
50 g Kürbis- oder Melonenkerne
20 g Mohn
2 EL Olivenöl
1 Päckchen Trockenhefe
500 ml lauwarmes Wasser
Mehl zum Bestäuben
Öl oder Butter zum Einfetten

■ Mehl zusammen mit Salz und Kernen in eine Schüssel geben. Öl darübergießen und mit dem Palettenmesser vermischen.
■ Hefe sowie den Großteil des Wassers zugeben. Zu einem weichen, nicht klebenden Teig verarbeiten, falls nötig mehr Wasser zufügen. Auf einer bemehlten Fläche 5 Minuten kneten.
■ Den Teig in eine Schüssel legen, mit einem sauberen Tuch zudecken und an einem warmem Ort zur doppelten Größe aufgehen lassen (etwa 35 bis 45 Minuten). 2 Backbleche einfetten.
■ Den Teig noch einmal durchkneten und halbieren. Aus jeder Hälfte drei lange wurstdicke Rollen drehen. Die drei Stränge flechten und auf ein gefettetes Backblech legen.
■ Die beiden geflochtenen Laibe mit einem Tuch zudecken und nochmals zur doppelten Größe aufgehen lassen (35 bis 45 Minuten).
■ Backofen auf 220 °C vorheizen.
■ 25 bis 30 Minuten backen, bis das Brot eine leicht gebräunte Kruste bekommt. Es muss hohl klingen, wenn man von unten dagegenklopft. Auf dem Kuchengitter auskühlen lassen.

Verzeichnis der Rezepte

Buntes Gemüse

Dessert

Dips und Pasten

Fisch

Fleisch und Geflügel

Fruchtige Dinks

Kuchen und Gebäck

Pasta, Reis & Co.

Pizza und deftiges Gebäck

Salate

Suppen

Vegetarische Küche

Register

Danksagung

Fiona Wilcock

Ich möchte meiner Familie und allen Freunden und Dinnergästen danken, die so freundlich waren, alle Gerichte in diesem Buch zu probieren und kommentieren.

Mein Dank gilt auch meiner Freundin Susan Berry, einer großen Köchin, die einige Rezepte noch einmal gegengecheckt hat.

Das Schwangerschaftskochbuch wäre nie ohne die Unterstützung und Weisheit des Teams bei Carroll & Brown entstanden, weshalb ich mich bei Becky Alexander, Kirsten Chapman und Evie Loizides-Graham für ihren Enthusiasmus, ihre Geduld und Hilfe bedanken möchte.

Auch den Leuten aus der Welt der Ernährung, die mich inspiriert haben und die ich um Rat bat, bin ich zu Dank verpflichtet, besonders Fiona Ford.

Dank auch an Marie Smith, meine Mutter, die mir das Kochen beigebracht hat und mein Interesse an Essen und Ernährung mit großer Begeisterung förderte.

Meinem Mann Andrew – immer ein williger Test-Esser und eine wunderbare Stütze – gilt mein Dank und meine Liebe. Und natürlich meinen Kindern – wartet nur ab, bis ich das große Kinderrezeptebuch schreibe!

Carroll & Brown

bedankt sich bei:

Sandra Schneider, Picture Researcher

Karol Davies, Production Manager

Nigel Reed, Production Controller

Paul Stradling, Computer Management

Madeline Weston, Indexer

The Holding Company
Unit 2 Finchley Industrial Centre
879 High Road, London N12 8QA
Tel.: 0044-(0) 20 8445 2888
www.theholdingcompany.co.uk

JoJo Maman Bebe
72 Bennerley Road, London SW11 6DS
Jojo Maman Bebe hat eine komplette Mutterschaftskollektion im Angebot. Reizende Kleidung für die 0-5-Jährigen, Praktisches und originelles Spielzeug. Anfragen und Katalogbestellung:
Tel.: 0044-(0) 870 241 0560 oder
www.JoJoMamanBebe.co.uk.

Bildnachweis

Umschlagtitel: Corbis Stockmarket
S. 9: The Holding Company
S. 15: Corbis Stockmarket *(oben links)*
S. 22: Corbis Stockmarket *(oben rechts)*
S. 27: Jojo Maman Bebe *(oben links)*
S. 38: Tony Stone